MARCEL PROUST

ÉDITIONS

DE LA REVUE LE CAPITOLE

PARIS

LES CONTEMPORAINS

ÉTUDES

PORTRAITS

DOCUMENTS

BIOGRAPHIES

GUSTAVE PIGOT, DIRECTEUR
PARIS, 44, RUE SAINT-PLACIDE, 44, PARIS

MARCEL PROUST

Il a été tiré de cette édition :

5 exemplaires (numérotés de 1 à 5) sur papier du Japon Ancien
contenant 8 hors-texte, un portrait dessiné et gravé sur cuivre et
une suite en noir sur papier du Japon Impérial, des culs de
lampe, des bandeaux, des hors-texte et de la pointe sèche

15 exemplaires (numérotés de 6 à 20) sur papier Hollande
de Rives, contenant 8 hors-texte et deux portraits inédits
de Marcel Proust, avec une suite sur Japon des hors-texte
et des portraits. Exemplaires spécialement imprimés pour
la librairie Gallimard

70 exemplaires (numérotés de 21 à 90) sur papier
du Japon Impérial, contenant 8 hors-texte, un
portrait gravé sur cuivre et une suite sur papier
Japon, des hors-texte et du portrait

150 exemplaires (numérotés de 91 à 240)
sur papier Madagascar, contenant un portrait
gravé sur cuivre et 8 hors-texte en couleur
sur papier Madagascar

300 exemplaires (numérotés de 241
à 540) sur papier pur fil Lafuma,
avec les hors-texte en noir

1300 exemplaires (numérotés
de 541 à 1840) sur papier Alfa,
tirage en noir, sans les hors-
texte, dont 12 exemplaires
réservés àMuse Musée pour les
Amis de l'atelier, contenant les
hors-texte et numérotés
de 541 à 552

N° 1241

(Dessin inédit
d'André Szekely de Doba).

MARCEL PROUST

ÉDITIONS
DE LA REVUE LE CAPITOLE
PARIS

PRÉFACE

MARCEL PROUST

PAR

COLETTE

PRÉFACE

MARCEL PROUST

IL était un jeune homme dans le même temps que j'étais une jeune femme, et ce n'est pas dans ce temps-là que j'ai pu le bien connaître. Je rencontrais Marcel Proust, le mercredi chez Madame Arman de Caillavet, et je n'avais guère de goût pour sa très grande politesse, pour l'attention excessive qu'il vouait à ses interlocuteurs, surtout à ses interlocutrices, une attention qui marquait trop, entre elles et lui, la différence d'âges. C'est qu'il paraissait singulièrement jeune, plus jeune que tous les hommes, plus jeune que toutes les jeunes femmes. De grandes orbites bistrées et mélancoliques, un teint parfois rose et parfois pâle, l'œil anxieux, la bouche, quand elle se taisait, resserrée et close comme pour un baiser... Des habits de cérémonie et une grande mèche de cheveux désordonnée... Il y a des portraits de Pierre de Guingand qui ressemblent superficiellement à Marcel Proust.

Pendant de longues années je cessai de le voir. On le dit déjà très malade. Et puis Louis de Robert, un jour, me donne *Du côté de chez Swann...* Quelle conquête ! Le dédale de l'enfance, de l'adolescence rouvert, expliqué, clair et vertigineux... Tout ce qu'on aurait voulu écrire, tout ce qu'on n'a osé ni su écrire, le reflet de l'univers sur le long flot, troublé par sa propre abondance au sein duquel on jouit de se sentir bon nageur... Que Louis de Robert sache aujourd'hui pourquoi il ne reçut pas de remerciement ! je l'avais oublié, je n'écrivis qu'à Proust.

Nous échangeâmes des lettres, mais je l'ai revu deux fois pendant les dix dernières années de sa vie. La dernière fois, tout en lui annonçait, avec une sorte de hâte et d'ivresse, sa fin. Vers le milieu de la nuit, dans le hall d'un hôtel désert à cette heure, il recevait quatre ou cinq amis. Une pelisse de loutre, ouverte, montrait son frac et son linge blanc, sa cravate de batiste à demi dénouée. Il ne cessait de parler avec effort, d'être gai. Il gardait sur sa tête — à cause du froid et s'en excusant — son chapeau haut de forme, posé en arrière, et la mèche de cheveux désordonnée couvrait ses sourcils. Un uniforme de gala quotidien, en somme, mais dérangé comme par un vent furieux qui, versant sur la nuque le chapeau, froissant le linge et les pans agités de la cravate, comblant d'une cendre noire les sillons de la joue, les cavités de l'orbite et la bouche haletante, — eût pourchassé ce chancelant jeune homme, âgé de cinquante ans, jusque dans la mort.

COLETTE.

LETTRES INÉDITES

DE

MARCEL PROUST

A

ROBERT DE MONTESQUIOU

LETTRES INÉDITES

DE

MARCEL PROUST

A

ROBERT DE MONTESQUIOU [1]

Télégramme.

PARIS 36.903 27 — 17 5 15 S

Acceptez hommage de ma joie émue après cette belle chose avec mon respect sous le charme.

Marcel Proust.

[1]. *Il y a déjà dans l'histoire des littératures des correspondances dont l'éloge n'est plus à faire. Dernièrement encore la publication des confidences de Jacques Rivière et d'Allain Fournier venait jeter une lumière nouvelle sur les relations de ces deux grands disparus. Il en sera de même pour les missives de Marcel Proust à Robert de Montesquiou, qui seront éditées prochainement. Pour le moment grâce à l'amabilité du docteur Robert Proust, qui a racheté toute la correspondance, nous pouvons offrir à nos lecteurs la primeur de ces pages. Que le frère du créateur de Swan en soit ici remercié amicalement, affectueusement.*

Les numéros que portent les lettres publiées ci-dessous sont les numéros qui leur avait été attribués par les experts chargés de la vente Montesquiou. Nous les avons laissés pour leur identification mais les lecteurs se rendront compte facilement que cette numérotation ne correspond pas à l'ordre logique ni chronologique.

Télégramme.

PARIS 437.

Je viens de recevoir et de lire d'un seul trait ce qui ne signifie pas parcourir, mais ne pas pouvoir se détacher, vos deux merveilleux livres, je vais vous écrire à leur sujet, vous envoyer enfin les éditions des deux Guermantes et vous dire les deux seules fausses clefs de tout l'ouvrage qui n'ouvrent que deux chapitres mais avant tout j'aimerais tant savoir si vous êtes entièrement guéri. En effeuillant de mon mieux les pétales de votre écriture je n'ai pu lire le nom de la clinique d'où vous êtes, je pense sorti depuis plusieurs jours, respectueusement à vous.

Marcel Proust.

LETTRE V

Mardi.

Cher Monsieur,

Ma maladie qui s'est un peu aggravée ces temps-ci s'est compliquée de ceci que je ne peux plus écrire si peu que ce soit sans avoir tout de suite des maux de tête. Aussi pour ne pas écrire inutilement j'attendais d'aller vous voir pour vous dire que je pensais beaucoup à vous, que j'avais lu vos ravissants articles sur Le Greco, sur Léonard, sur l'Engadine et que si je n'avais pas été malade je vous en aurais félicité. L'autre jour j'ai lu les Paons, et si la lecture me fatigue, du moins j'ai lu là de si belles choses ! Et dans les plus simples pièces telles que celles du Dr Robin ou de la Duchesse de Rohan, il y a de la vraie grandeur, des pleurs stylisés mais irrésistibles. A ce point de vue j'ai l'orgueil de croire que je suis leur lecteur, ou de leurs lecteurs, prédestinés. Si par hasard vous aviez encore le pastiche de St. Simon, Fête chez Montesquiou, et si vous n'en faites rien, voulez-vous à l'occasion, et sans que cela presse en rien, n'importe quand, me le faire adresser 102 bd. Haussmann faire suivre. Tant que je ne pourrai pas travailler, j'ai l'intention d'écouler encore quelques pastiches faits l'année dernière et je tâche de tout réunir. Et me faisant lire dernièrement du St. Simon, je me demandais si celui-là serait assez exact pour être réuni aux autres. Tout plein de St. Simon à ce moment-là, je l'aurais facilement corrigé. Je ne suis plus dans les mêmes dispositions mais si j'en relis ou m'en fais relire, je pourrais faire les rectifications, si j'ai des heures possibles. Je viens d'en traverser d'affreuses. Au fond le pastiche qui m'amuserait le plus à faire quand je pourrai écrire un peu (sans préjudice d'études plus sérieuses) c'est le pastiche de *vous* ! Mais d'abord cela vous fâcherait peut-être, et ensuite je crois que je ne pourrais jamais, que je ne saurais pas !

J'espère bientôt être de nouveau visible et approchable, et alors je tâcherai de vous voir. En attendant, je vous envoie tous mes affectueux et admiratifs hommages.

Marcel Proust.

LETTRE VII

Cher Monsieur,

Je vous dois beaucoup de remerciements. Et votre dernier envoi accroît encore ma dette. Votre article à deux panneaux, le premier se rattachant à ce que vous avez déjà écrit sur les décorations est ravissant. Il y a là une comparaison des blessures de saint G. d'une délicatesse, d'une invention, d'une grâce. Vous avez des yeux qui savent si bien voir qu'on se sent un peu aveugle et des mots qui savent si bien dire qu'on a envie de rester muet.

Et l'autre se rattachant à l'ample comédie aux cent actes divers. Quant à la carte du Lagœrstremia dont ma dépêche vous a insuffisamment remercié, elle m'a enchanté pour diverses raisons que vous devinez assez et une autre c'est que cette fleur est la préférée d'un poète votre voisin Francis Jammes, et pour qui j'ai une admiration infinie. A travers ses œuvres j'ai souvent souhaité voir un lagœrstremia. Et même le portrait m'en a été doux. Vous savez sans doute que je viens d'être très malade. J'ai passé trois mois à Cabourg sans pouvoir descendre *une seule fois* à l'air. Et les quelques lignes que je viens de vous écrire sont encore trop pour ma fatigue et me forcent à m'arrêter ici, si elles sont bien peu de choses pour vous exprimer mon attachement admiratif et reconnaissant.

Marcel Proust.

LETTRE X

Je fais attention, je « soigne » l'écriture.

Cher Monsieur,

Vous pensez que j'aurais tout fait pour retrouver la « bagatelle » dont je vous remercie mille fois. D'ailleurs mon adresse est bien 102 et non 132. Mais j'ai peu de notoriété, car même les lettres adressées au 104, c'est-à-dire à la maison voisine, sont renvoyées avec la mention *inconnu*. Votre livre est mon divertissement et ma joie. De combien de commentaires, j'aimerais pouvoir vous le faire verbalement compléter. J'ai été plus désolé que jamais de l'aggravation qu'a subi mon état. Car mon pauvre ami Hahn a perdu sa mère et je n'ai pu lui donner les témoignages très faibles de ma reconnaissance infinie pour la bonté qu'il me prodigue. Je vous remercie mille fois de me parler de mes aubépines, puisque il me semble comprendre que vous ne les aimez pas.

Quant au mélange dont vous me parlez, l'expression la plus délicieuse que j'en connaisse est dans un morceau de piano déjà un peu ancien mais enivrant, de Fauré qui s'appelle peut-être Romances sans paroles.

Vous ai-je dit que le titre : « Au seuil du Printemps » n'était pas de moi. Au reste ce sont de ces catastrophes qui n'en sont que pour les auteurs car personne ne s'en aperçoit sinon pour trouver que « c'est ce qu'il y avait de mieux ». J'ai beaucoup relu « Paons » ces temps-ci, aimant de préférence quand j'ai envie d'entendre tantôt une corde lyrique, tantôt une plus légère, à les chercher de préférence dans votre Lyre. J'espère pouvoir aller vous voir bientôt et vous redire de vive voix combien je suis votre admirateur reconnaissant et dévoué.

Marcel Proust.

LETTRE XII

Cher Monsieur,

Pardonnez-moi : je n'ai pu parler de Madame A...., que je ne connais pas. Je n'ai encore ouvert que la première page des chauves-souris, avec sous les vers sublimes de Vigny « Toi seule me parus ce qu'on cherche toujours » la grande image, et pourtant jeté çà et là de furtifs clins d'œil aux endroits préférés, avec crainte de ne pas tout retrouver. Naturellement, après la vision de l'autre soir, les « frères Reszké » me sont apparus les premiers, vibrants ! Mais je pensais que mon admiration pour le livre allait sans dire, et si mieux en le disant, que je devais d'abord le relire, et que celle pour Mantegna ne doit pas être plus grande que celle que vous avez sans doute pour lui, et mon regret d'en savoir toute une série, tout près de moi, sans les connaître, un sentiment très naturel.

Votre respectueux ami,
Marcel Proust.

LETTRE XIII

Mardi.

Cher Monsieur,

J'ai tellement souffert depuis que je vous ai écrit que j'ai été obligé de prendre énormément de caféine. Comme cela m'a redonné un peu de force, si vous pouviez venir tantôt vers *une heure de l'après-midi*, je ne me reposerais de ces longues crises qu'après votre départ, suffisamment remonté par la caféine pour attendre jusque-là. Deux heures je pourrais peut être encore, mais alors ne pourrais vous garder bien longtemps. J'espère qu'à cause de la grande proximité de Garnier et du 102 cela ne vous gênera pas trop.

Votre admirateur reconnaissant,

Marcel Proust.

LETTRE XV

Cher Monsieur,

Mes maux d'yeux sont la principale raison pourquoi je ne vous avais pas parlé de la préface, écrivant difficilement. Puis je ne suis pas tout à fait d'accord avec vous sur cet article et comme je trouve que mon opinion a peu d'importance, je craindrais d'avoir l'air de m'en donner en accu-

sant une dissidence d'ailleurs fort légère. D'ailleurs je vous
dirai tout cela plus aisément de vive voix. Si, en attendant
que je puisse aller vous voir, vous avez la bonté de me faire
prendre les livres, je ne demande pas mieux. Mais ne
serait-il pas préférable que je les apportasse en venant au
Palais Rose? J'avais bien lu la belle page que vous m'indi-
quez. Elle peut prendre rang, comme beau témoignage de
descendant entre la pièce qui sourit : « On n'est jamais si
bien qu'au sein de sa famille » et celle toute grasse et profonde — où les ancêtres ne sont pas d'Artagnan, Gassion
ni M. de Montesquiou mais Louvois, Courtenvaux, Barbezieux qui quittent pour vous écouter leurs airs froids ou
sinistres. Mais est-elle (la page de Têtes couronnées) bien
le témoignage particulièrement frappant de l'Impartialité
que je goûte d'ailleurs autant que ma « Partialité », dites-
vous, vous dégoûte? Et ne peut-on pas se demander ce
que vous eussiez dit du météore, si un peu de votre bien-
veillance vient des rayons qu'il a posés sur ces figures ances-
trales, sans préjudice de tous ceux qui émanent d'elles et
pour lesquelles elles sont très suffisamment illustrées.
Veuillez agréer cher Monsieur les hommages respectueux
d'un admirateur « sans feinte » malgré le post-scriptum

Marcel Proust.

P.-S. Cher Monsieur,

Je vous récrirai ces jours-ci, et jusque-là je vous demande
de surseoir à l'envoi chez le concierge, pour cause non de

procrastination *chronique*, mais pour une autre qui j'espère vous touchera plus. J'aime tant cette Castiglione qu'avant de m'en dessaisir et malgré mes yeux si malades, je lui ai redonné le regard qu'on attarde sur les objets dont on va même pour peu de temps se défaire. Et repris par les E...., les M...., les S...., les P.... et le reste, je voudrais relire encore une fois tout cela qui a trouvé l'incomparable peintre que vous êtes pour le fixer. Pourquoi étant si merveilleux, aimez-vous à être si *fâchant*. Votre « feinte réserve » m'a outré. Je ne feins jamais. Je vais tâcher de savoir par G.... ou B.... si, vraiment l'Impératrice avait invité ou si D.... comme il est probable a menti. Dire que j'ai connu M...., Poniatowski, rencontré C...., V...., et je ne savais même pas qui était la Castiglione. J'ai trouvé l'article de X.... sur moi stupide. Mais l'article sur vous (non que j'imite les gens qui ne sont sensibles que pour leur propre épiderme) ne m'avais pas paru si mal. Et puis depuis la guerre il a écrit quelques articles beaucoup plus sages que bien des gens. Et les journaux à quelques bien rares exceptions près sont tellement stupides que cela vaut d'être compté.

J'ajoute pourtant que vous avez le droit d'être difficile, de n'accepter les éloges que donnés sur le ton qui vous convient et de trouver que celui-là ne vous convient pas.

M. P.

« Sentir le ciel si près, et n'y pouvoir monter ».

Cher Monsieur, c'est vous ! Quel coup de théâtre. Emotion, tumulte, et je me rends compte de *l'impossibilité matérielle* de vous laisser entrer dans ma chambre, et **de** l'impossibilité matérielle pour moi d'en sortir. Je vous écrirai demain car j'ai tant à vous dire et, j'irai vous dire adieu chez vous.

Votre-reconnaissant admirateur
M. P.

LETTRE XVII

Cher Monsieur,

C'est parce que je les voyais précieusement et délicatement sortir un à un de l' « écrin de votre riche mémoire » que j'aimais davantage ces St. Sébastien successifs que vous décrivez, essayant ainsi de nous représenter de quoi sont revêtues les murailles du Temple de vos préférences et du Musée de vos Souvenirs (comme Gautier aurait fait une jolie pièce là-dessus : Le Musée du Souvenir), temple qui a certainement un plafond de saphir comme celui de l'Ecclésiaste de St. Jean et de Bakst. Au reste il était infaillible que votre incomparable pinceau saurait aux points d'ambiguité voulue estomper comme pas un les barbes des flèches et aiguiser les pointes des regards. J'ai été si heureux de pouvoir vous écouter dans les entr'actes et écouter auprès de vous pendant ce dernier acte, où relié à votre enthousiasme par votre poignet comme par un électrode métallique, j'étais agité de transports sur mon fauteuil comme s'il avait été électrique. J'ai gardé depuis, non le fauteuil mais le lit dans un état tel que je n'ai pu aller charger quelque marchand d'aller vous porter en hommage des fruits ou des branches. Mais j'espère le pouvoir d'un jour à l'autre et vous demande d'accepter l'hommage de ma reconnaissance, de mon admiration et du souvenir que je garderai de ces heures lumineuses et frémissantes.

Marcel Proust.

LETTRE XVIII

Cher Monsieur,

Vous ne me croiriez pas si je vous disais que j'ai commencé le livre à la page 1 et que j'ai continué page à page. Non ayant lu votre dédicace j'ai commencé par la page 45. Et c'est parce que l'humanité est absurde. Car à la page 45 eussiez-vous au lieu de citer mon nom, entassé les éloges les plus énormes sur mon compte, que je n'y aurais pas trouvé un profit intellectuel aussi grand qu'à toutes les précieuses vérités qui ne me concernent pas personnellement mais qui sont dependant pour tout esprit une exquise et fortifiante nourriture et qui sont répandues çà et là dans toutes les pages. Mais on est si égoïste, et chez ceux qui vivent le plus sagement et le plus uniquement pour la vérité (et par comparaison il me semble que je suis tout de même un peu de ceux-là) malgré tout, l'amour-propre, le vain bruit du nom propre, tiennent encore tant de place. Aussi votre diabolique « passim » a failli m'induire en complète tentation et m'empêcher de lire le livre. Car aurait-ce été le lire, que le lire *à la recherche* de *mon nom*. Non, j'ai mieux à y chercher. Et un livre de vous mérite d'être lu d'une façon plus désintéressée. Vous savez que cet intérêt-là vous l'excitez chez moi à un point très haut, et j'espère vous en donner plus tard la preuve. D'ailleurs ce n'est pas que chez moi que cet état d'esprit existe. Je ne vois presque personne, mais cependant je reste soit par la conversation, soit par la correspondance, en contact avec quelques êtres cérébraux et représentatifs; et de certaines paroles je peux induire que vous pouvez être rassuré et fier du retentissement, particulièrement depuis deux ou trois ans, de votre pensée et de votre parole. Cela m'a été une grande joie de le constater. Vous ignorez que j'ai fait l'an passé deux expéditions pour aller vous voir au Vésinet. Je ne sais quand je serai en état d'en refaire, mais je le désire, et comme cela m'amuserait de pouvoir mieux comprendre nombre d'articles de vous grâce à des clefs que vous me donneriez. Certes je n'espère point vous arracher le nom de G... P... Cet être étrange et saisissant *sue* trop l'authenticité pour que j'ose vous demander son nom qui doit être celui de quelqu'un que vous connaissez beaucoup. Mais dans un ouvrage précédent, quand vous dîtes qu'il y a actuellement des personnes qui mènent exactement la vie de la Duchesse de Langeais, il semble que ce soit là une réalité plus secondaire et sur laquelle je ne suis pas indiscret en sollicitant des noms propres. Le nom de M.... approché de celui de Ruskin m'a serré le cœur comme une ressemblance entre une personne laide et une personne qu'on a beaucoup aimé. J'ai d'ailleurs aimé Ruskin avec un extrème scepticisme dont j'ai du reste marqué, toute révérence gardée, l'étendue. Et voici que si j'en crois le ton général de certaines petites Revues, ceux qui m'ont le plus rapproché ma faiblesse à son égard, en font maintenant un Dieu, sans défauts, sans mélange du périssable. Cela n'est pas d'ailleurs le premier des anciens cultes dont on me propose aujourd'hui de faire la connaissance. Propositions assez fréquentes et auxquelles on ne peut guère opposer qu'un sourire. Dire que je vous ai tant parlé de moi ! alors que je pense tant à vous !

Veuillez agréer, cher Monsieur, mes hommages d'attachement et d'admiration.

Marcel Proust.

P.-S. — Mais celui pour qui « les couleurs et les sons se répondent » c'est vous, et la transposition est au 3e degré. Car le peintre qui fit chanter ses barcarolles est... un pianiste ! Et je suppose que ce n'est que dans une étendue sonore que se déroulait les panneaux (à moins qu'il ne s'y soit pris lui-même) du Paderewski de la rue T...

LETTRE XIX

Cher Monsieur,

Je vous écris seulement ces quelques lignes pour vous
dire qu'ayant voulu sortir l'autre jour, l'après-midi pour
aller voir mon médecin, j'ai encore pris une espèce de bronchite qui a réveillé et infiniment augmenté mon asthme
avec fièvre, etc... Tout ceci de peu d'intérêt mais pour que
vous sachiez que c'est bien peu de ma faute si je n'ai pas
encore cherché à vous voir, je suis plus mal que jamais.
Mais je pense beaucoup à vous, me rappelle précieusement
tant de jours déjà anciens où les plus simples et plus familiers gestes de douceur, d'admiration de sa part, de confiance de la vôtre, entre vous et Yturri, me deviennent,
dans cet or lointain et giottesque des souvenirs, presque
sacrés. Je pense longuement à votre douleur, à cet isolement
où votre suprématie vous confine forcément, même au
milieu des autres, et qu'une affection si suprême, d'un être
si dissemblable qui vous avait plu en ne cherchant pas à
vous imiter, était venu comme un miraculeux présent,
adoucir. Je voudrais que le Pavillon des Muses ne devint
pas pour vous une trop triste et trop solitaire Tour
d'Ivoire, et je souffre doublement de mon supplice d'An-
dromède au rocher, en ne pouvant pas venir vous apporter
(en ce moment surtout, mais enfin je pense que cette recru-
descence tombera avec la bronchite même) la douceur de

souvenirs communs que reculent dans des années déjà augustes la superposition de tant de demeures différentes, Passy, Versailles, l'Avenue Bosquet, la rue de l'Université, Neuilly. Toujours jusqu'ici j'y voyais auprès de vous le bon « Genius loci atque poetae », le pauvre Yturri dont je sais déjà comme vous voulez, à Versailles même, par un acte d'une générosité magnifique, perpétuer si adéquatement le souvenir.

Votre admirateur respectueux.

Marcel Proust.

LETTRE XX

« Andromaque ! je pense à vous ! »

Cher Monsieur,

Que j'aurais voulu que mes forces me permissent de m'unir à la petite troupe de ceux à qui vous ne pouvez dire les mots de l'évangile : « j'ai pleuré et vous ne m'avez pas consolé ! » Il y a un temps où nos exlcusions s'adressent à ceux à qui nous pouvons dire les deux premiers versets : « J'ai chanté et vous n'avez pas dansé ! » ce qui est en effet un signe d'infériorité. Mais il vient un jour où tenant nos pleurs pour plus précieuses que nos chants nous pardonnons à ceux qui n'ont pas dansé quand nous chantions, si ceux-là nous ont consolé quand l'heure de pleurer est venue.

3

Je suis de tout cœur avec vous demain, n'ayant pu sortir depuis la mort de maman.

Votre respectueux,

Marcel Proust.

LETTRE XXI

« Réunion particulièrement intéressante hier, chez Mar-
« cel Proust, dont les invités en tout petit nombre,
« ont eu la surprise d'entendre une admirable lecture que
« le comte Robert de Montesquiou-Fezensac avait bien
« voulu faire, comprenant des fragments de son nouveau
« livre : « Professionnelles Beautés. »

« La présence dans l'auditoire restreint, compréhensif
« et choisi, de plusieurs des personnalités qui se trouvent
« spirituellement et bienveillamment désignées dans ces
« belles pages, rendit cette lecture encore plus piquante.
« Et les auditeurs ne se firent pas faute de prodiguer au
« comte Robert de Montesquiou leurs bravos et leurs
« éloges, tandis que Marcel Proust le remerciait chaleu-
« reusement du rare et précieux bonheur qu'il avait bien
« voulu lui faire. »

Cher Monsieur,

Voici la note du New-York Herald. Pour le reste nous sommes à « très select mais pourtant très intime ». Je n'ai plus rien à envier à personne.

Je pense beaucoup à l'article et y pense beaucoup tout
en relisant le livre où je trouve à tous moments de nouvelles
choses à admirer. Quelques identifications mondaines me
restent vagues. Et qu'y a-t-il d'obscène dans les vers latins
que fait réciter Monsieur B...., sauf cette perpétuelle
virilité que M. d'Escarbagnas ne doit guère comprendre
Mais cette question c'est à Molière que je la pose et non à
vous. Un article sur ce livre où on ne citerait pas ce qui
peuple et meuble l'univers spécial de X.... se refuserait la
plus belle des citations. Mais comment pourrait-on dans
une feuille respectable traduire le mot qui suit « Des ac-
trices ». Plus fâcheusement sensible encore que le domi-
nicain de la famille des B., l'odorant souvenir de roses que
j'ai respiré dans ce livre a suffi pour me faire mal. Je suis
pourtant bien curieux de voir le rosier de St. Dominique
dont vous parlez. Mais est-ce une chose ancienne? ou brodé
par la princesse de Beauvau actuelle, la mère de « Moins
Beau que Veau ».

L'article sur Gandara m'a semblé, comme vous dites, plus
« agréable » qu' « aimable ». Pour moi les plus belles choses
restent antes juvat, Pro domo, Deux Muses et Helleu. Bien
qu'à d'autres moments je préfère le Pavillon des Muses
(que je vois que je n'ai jamais vu !) la Sonnette, l'Impératrice des Roses et le Narcisse Bourgeois Et d'autres fois
encore ce sont... les autres. Mais qu'est-ce que mes
préférences peuvent bien faire ! J'ai craint de devoir
induire d'une phrase que vous n'aimiez « pas plus que cela »
le portrait de Madame de S.... dont j'ai gardé un âcre

et merveilleux souvenir. Mais à mieux relire la phrase je crois que je m'étais trompé et je vais m'en assurer en me reportant à la plus belle étude d'Autels Privilégiés sur le Prométhée du froid.

Au revoir cher Monsieur et veuillez agréer mes hommages admiratifs reconnaissants et respectueux.

Marcel Proust.

LETTRE XXII

(Lettre à M. de Yturri)

Cher ami

Voulez-vous permettre à un ami qui est aussi un malade et par là plus près de vous, de vous dire combien il est triste de savoir, que vous avez trouvé le moyen de prendre froid et de vous remettre dans un de ces états terribles que votre mal engendre si facilement. Il pense que tout cela va être très rapidement dompté par votre tempérament qui est plus fort que tout, et par tant de soins. Mais je vous en supplie, une fois guéri, ne soyez plus *jamais* imprudent. Je ne veux pas vous ennuyer en ce moment de bons conseils. En ce moment ce qu'il faut c'est guérir vite, ne pas rester ainsi à souffrir. Quand vous serez sur pieds alors il faudra parler raison, et si ma situation de collègue en maladie, et aussi mon amitié pour vous me donnent un

peu le droit d'être écouté, j'irai, s'il le faut vous voir, en
me soignant d'abord pour cela, et je vous demanderai de
ne plus inquiéter vos amis par des complications où il y a
sans doute un petit peu de votre faute. Cher ami vous savez
que je ne me doutais pas que vous étiez malade. Je l'ai
appris tout à l'heure. Comme je serais heureux si au moment
où vous parviennent ces lignes vous étiez déjà guéri. Je
le souhaite de tout mon cœur et vous envoie toute mon
amitié.

Marcel Proust.

LETTRE XXIII

Cher Monsieur,

J'avais écrit depuis une heure ces deux lettres l'une
pour vous, l'autre pour Yturri, et je voulais renoncer à les
faire porter ce soir pour ne pas risquer de fatiguer un malade
du tintement d'une sonnette tardive, quand je reçois votre
mot. Vous me dites « Yturri vous le savez, etc. » Cher
Monsieur j'espère que vous me croyez assez de cœur pour
penser qu'au contraire je ne savais rien et que sans cela
j'aurais envoyé souvent chez vous, je ne me serais pas tu
de cela dans mes lettres, je vous aurais mieux manifesté
la tristesse et l'inquiétude que je ressens très profondément.
J'espère qu'on va me rapporter de meilleures nouvelles.
Je vous remercie mille fois de votre agrément pour les

Arts de la Vie. Quant au numéro de Jeudi je ne l'ai pas mais je vais me le procurer, ne me l'envoyez donc pas.

Au revoir cher Monsieur croyez que je pense à vous dans ces heures tristes de tout mon cœur.

Marcel Proust.

LETTRE XXIV

Cher Monsieur,

Comme on vit loin de ceux qu'on aime ! J'apprends à l'instant que vous traversez depuis déjà une semaine ou plus, de grandes inquiétudes au sujet d'Yturri. Et je ne vous ai pas envoyé un mot (puisque je ne le savais pas) pour vous dire que mon cœur était auprès du vôtre, bien plus je vous ai écrit sur mille choses dont votre pensée était bien loin (je veux parler de ma « brouille » avec vos amis) et qui devaient grincer bien désagréablement sur vos nerfs émus. Je sais combien la maladie d'Yturri est profonde. Mais je sais aussi les ressources admirables de son tempérament. Moi j'espère que bientôt vous serez rassuré. D'ici là je suis bien triste. En pensant à vous, en pensant à lui, que ses maux avaient rendu encore plus sympathique et pour qui j'ai *beaucoup d'amitié*. Sa pensée ne me quitte pas et ce sera une vraie joie pour moi quand je saurai qu'il est hors de danger et que ses souffrances sont finies. Je sais mieux que personne ce qu'il est pour vous et je vous assure que c'est de tout mon cœur que je vous plains.

Croyez cher Monsieur à mes respectueux sentiments admiratifs et dévoués.

Marcel Proust.

Vous savez que si je ne viens pas vous voir et le soir c'est que je ne le *peux* pas. Mais si dans quelque temps quand il ira mieux, ma visite pouvait lui être agréable, je me soignerais quelque jour et j'irais le voir. Ce serait une vraie joie pour moi de le retrouver après ces mauvais jours. Mais n'est-il pas imprudent? Et ne peut-on pas, une fois qu'il sera guéri, *l'empêcher* de faire des imprudences. Sans cela, cela restera comme une menace sur lui et sur vous. Ce serait si bien qu'il fût raisonnable et définitivement guéri. N'ayant pas reçu de réponse de vous, je me considère comme « autorisé » et vais écrire un article pour les Arts de la Vie.

M. P.

LETTRE XXV

Cher Monsieur,

Vous me rendez très confus par tous ces beaux envois que vous me faites qui me remplissent de joie et de reconnaissance mais dont je vous remercie si mal. J'ai été ravi de la Revue que j'ai reçue. Vous êtes précisément l'œil diamétralement opposé à celui qui ne voit pas la fontaine de la Place de la Madeleine; je ne sais pas si l'on peut dire de vous :

> « Et le superbe nez planté sur son visage
> « Ne lui sert que d'un ornement. »

Mais on ne dirait pas dans la paraphrase du même psaume que vous avez des yeux pour ne point voir. Ce que vous dites de la chapelle de Neuilly est ravissant et autant que les belles reproductions placées à côté me permettent de juger de ces verrières, d'une justesse profonde. J'ai aimé de la même manière la Charité et le Duc d'Orléans et admire que cette louange, la seule intelligente qu'on ait donné à la Monarchie, sans redingote, vienne non d'un Orléaniste mais de vous. « Vos ancêtres Louvois, Courtenvaux, Barbezieux » y sont peut-être pour quelque chose et dans ces yeux incomparablement voyants que je vous disais tout à l'heure peut-être leur regard a-t-il refleuri. Merci encore cher Monsieur de ces pages sur les verrière de Neuilly que je place à côté de celles sur les verrières de Bakst, dans ma chapelle du Vésinet.

Votre reconnaissant admirateur

Marcel Proust.

LETTRE XXVI

Cher Monsieur,

L'abondance, l'urgence et la ferveur des choses à dire est, je commence à le croire, un motif de retard pour les lettres quand ce devrait être le contraire. On n'écrit tout de suite que les choses sans importance. Celles que je voulais vous dire à propos du merveilleux Helleu étaient si nombreuses, et d'ailleurs j'avais tant à y joindre d'autres propos, ou s'y référant, que j'ai attendu d'aller mieux, d'aller au Vésinet, votre retour. Mais enfin parce qu'on a trop à dire, il ne faut pas qu'en ne disant rien on laisse croire qu'on en a rien pensé ni senti. Vous savez bien que pour moi ce n'est pas cela ! N'importe avant de vous parler de tout cela bien longuement (je me rappelle si bien ce que vous avez toujours écrit d'Helleu, et d'ailleurs tout ce que vous avez toujours écrit. Pourquoi avez-vous supprimé le nomte du Comte de Castellane dont vous parliez, je m'en souviens très bien, à propos de ces beaux panneaux d'automne. Il est vrai que les circonstances ont changé) j'ai voulu vous dire comme j'avais admiré ces pages vraiment supérieures. Je relis la Castiglione en attendant que vous vouliez le signer (j'aurais souscrit tout aussi bien à l'Helleu, si j'avais *su*). Votre admirateur et ami reconnaissant.

Marcel Proust.

LETTRE XXVII

Cher Monsieur,

Si je ne vous ai pas remercié plus tôt de votre lettre c'est... que vous l'aviez adressée 102 boulevard *Malesherbes* (au lieu d'*Haussmann*) ce qui m'a valu d'un grand nombre de facteurs la mention cruelle et véridique : « Inconnu ». Je reste persuadé que les « divergences » se résoudraient et se concilieraient dans un plan supérieur. C'est ainsi que si adversaires que se soient montré l'un de l'autre Ruskin et Whistler dans le fameux procès, j'ai trouvé dans une lettre de Ruskin à Rossetti le commentaire anticipé et la formule à peine variée de la réponse de W « je l'ai fait en une journée mais avec l'expérience de toute ma vie. » faite à l'ami qui récite si bien le duc de Clarence. Il m'avait même dit qu'il vous admirait infiniment plus que Victor Hugo, mais comme il avait ajouté qu'il n'admirait pas Victor Hugo je ne vous avais pas communiqué ce suffrage qu'infirmait cette restriction dans tous les sens ! Helleu ne m'a pas envoyé le livre et je suis coupable... je le serais du moins si j'étais moins malade — de ne pas l'avoir encore acheté. Mais je vais le faire et vous l'enverrai avec la Castiglione. J'espère vous voir bientôt pour vous remercier de votre lettre et vous redire tout mon respect d'ami reconnaissant.

Marcel Proust.

LE SENS DU COMIQUE DANS L'ŒUVRE

DE MARCEL PROUST

PAR

LÉON-PIERRE QUINT

LE SENS DU COMIQUE DANS L'ŒUVRE

DE MARCEL PROUST (1)

UNE fois par siècle, au moins, la postérité révise ses jugements et remet toutes les gloires en question. Jusqu'à cette prochaine révolution générale des valeurs, les livres de Proust occuperont sans doute dans la littérature une place plus importante encore que celle d'aujourd'hui. A l'heure actuelle, le recul du temps agrandit cette œuvre, qui ne cesse de nous étonner. Nous ne nous arrêtons pas de la découvrir.

* *

Marcel Proust, auteur comique ! Voici une source nouvelle de remarques et de réflexions. Certes, bien des passages dans les livres de Proust m'avaient fait sourire dès ma première lecture. Mais ils étaient aussitôt oubliés ; l'émo-

(1) Copyright chez Kra, éditeur, 6, rue Blanche, Paris.

tion m'entraînait plus loin, emplissait toute entière ma conscience. Ils m'apparaissaient comme quelques moments imperceptibles d'ironie et de détente, tels qu'on en trouve dans les romans les plus graves, même chez un Zola, et surtout dans les natures brûlantes de tristesse amère, chez un Heine, par exemple.

Pour pouvoir rire, il est nécessaire de se trouver dans un état d'insensibilité. La pitié ou la sympathie arrêtent le rire. C'est en relisant *A la Recherche du Temps Perdu* d'un peu plus haut, en feuilletant, en sautant les pages pour ne pas être repris par l'intense mouvement intérieur de l'ouvrage, que j'ai entrevu peu à peu en Proust un véritable auteur comique, un très grand comique. Jeux de mots et parodies, imitations, formules répétées, quiproquos, fausses reconnaissances ; facéties parfois grossières jusqu'aux scènes de grande comédie, Proust a constamment utilisé les formes les plus diverses du comique. Plus je m'éloignais des livres refermés, plus ce comique, qui ne m'avait touché que d'une manière furtive, presqu'inconsciente, réapparaissait jusque dans les moments les plus douloureux. J'ai eu finalement l'impression de me rapprocher de cette œuvre, en la considérant comme un drame, comparable à ces drames shakespeariens, où alternent le burlesque et les meurtres, les farces du bouffon et la méditation du héros philosophe, le comique de caractère et le caractère tragique.

Il est curieux de constater que la critique, dans ses nombreux essais sur Proust, n'a jamais signalé cet aspect important de son œuvre. Celle-ci a la réputation d'être lourde, sévère, difficile. Quand une réputation est bien établie, bien rares sont ceux qui cherchent à la contrôler. Peut-être aussi la présentation physiquement déplaisante de ces livres (texte serré, absence de chapitres, de paragraphes, ...) a-t-elle en quelque sorte absorbé le caractère comique diffus dans les pages innombrables de l'ouvrage. Il a semblé

impossible, malgré le précédent de Don Quichotte, qu'un
énorme ouvrage, et imprimé si finement, puisse être drôle.

Il y a plus : Proust est apparu avant tout, et avec juste
raison, comme un psychologue extraordinaire, et son originalité essentielle, c'est la force de pénétration de son observation. Joie, douleur, désir, amour, Proust, par un don
nouveau, atteint leur tissu interne qui se fait et se défait,
leurs cellules en formation et en déformation perpétuelle,
et, à l'aide de sa phrase semblable à un nouvel et merveilleux
appareil de synthèse, infiniment compliqué, il reconstitue
ce qu'il a saisi à l'intérieur même de nos émotions. Cette
attitude, qui implique un esprit tout en profondeur, semble,
à première vue, inconciliable avec un esprit comique. C'est
certainement ce préjugé qui a dérouté bien des lecteurs.

Je ne peux m'empêcher ici de rappeler cette remarque
de Descartes, affirmant qu'il n'y a pas de grande intelligence
qui n'ait pas, dans une certaine mesure au moins, le sens
du comique. Sans doute Descartes pensait-il à lui, dont la
correspondance, souvent pleine d'esprit, contraste avec la
rigueur rigide de son raisonnement. Même dans ses ouvrages
de philosophie, il se révèle fréquemment comme un polé-
miste spirituel. Le cas est d'ailleurs d'observation générale :
Pascal, la conscience la plus tourmentée, n'a-t-il pas donné
dans les *Provinciales* ce que Chateaubriand appelle « le
modèle de la plus parfaite plaisanterie? » La pénétration
de l'intelligence et le sens du comique n'ont rien de contradictoire.

Ce sont deux formes d'activité de l'esprit qui peuvent
coexister chez un même écrivain, mais qui cependant se
manifestent successivement. L'erreur, c'est de croire qu'une
extrême intelligence ne peut pas étudier, à d'autres moments, le comique, qui reste toujours à la surface des choses.
Chez Proust, l'alternance continuelle de ces deux modes
d'observation, l'étude psychologique en profondeur et les

remarques comiques, forment un des caractères essentiels
de son art. Il s'attache avec autant d'intérêt, tantôt aux
replis de conscience de ses personnages, tantôt à l'étude
de la société où ils évoluent, si bien qu'il les saisit successivement par l'intérieur, en analysant le contenu jaillissant
et mobile de leur âme, puis du dehors, en les observant dans
le milieu social où ils se développent habituellement. Et
c'est cette double démarche de l'auteur qui donne à ses
héros cette intensité de vie prodigieuse, qui amène les
lecteurs à parler d'eux comme de figures historiques ou
de contemporains. C'est ce qui permet à Proust de mêler
sans cesse à la plus étonnante analyse psychologique l'observation comique la plus variée, à travailler à la fois en profondeur et en surface. Le rire ne commence que dans la
mesure où l'homme vit en société. C'est parce que Proust
est à la fois un psychologue individualiste et un observateur social que son roman atteint ce ton shakespearien, dont
j'ai parlé, cette stupéfiante alliance de bavardage superficiel et de poésie ailée, ces coupes tragiques des âmes et ces
coupes grotesques des salons.

*
* *

En approfondissant à mon tour le comique de Proust, je
lui découvre un sens particulier. Le comique proustien naît
et grandit du heurt entre les deux parties de son œuvre;
il vient ainsi compléter la signification générale de celle-ci.

Envisagée dans son ensemble, elle est une tentative
inouïe pour replacer la psychologie dans le temps, dans
l'évolution. Aucun de nos sentiments n'est fixe; nous ne
vivons jamais deux fois deux minutes identiques. En un
même instant, plaisir et douleur mélangent leurs ondes au
sein de notre conscience. Cette analyse continuellement
mobile contraste avec la psychologie fixe du XVIIe siècle,

où une passion seule, isolée, était étudiée, où, autour d'un trait de caractère donné et immobile, tout un personnage était construit.

Or le rire se dégage chaque fois que la vie profonde et spontanée se heurte dans l'homme à quelque chose de mécanique, de tout fait, de tout monté. L'exemple le plus simple est celui du piéton qui glisse et qui tombe dans la rue. Les passants, qui le regardent, s'amuseront d'autant plus que ce malheureux fera des efforts maladroits, des contorsions inutiles pour éviter la chute. C'est le caractère inadapté de son corps, le manque de souplesse de ses muscles, qui forment obstacle, qui entravent soudainement l'élan équilibré de sa marche et qui rendent vains ses essais volontaires et malhabiles de rétablissement. D'une manière générale, le comique, même le comique le plus fin, le plus spiritualisé est toujours le résultat d'une sorte de lutte entre les forces intérieures et jaillissantes de la vie individuelle et les cadres tout préparés de la vie sociale, le mécanisme en général.

Dans l'œuvre de Proust s'entrechoquent justement ces deux éléments. D'un côté, elle est un effort immense pour retrouver la vie réelle, cachée au fond de l'homme. Un vaste courant de conscience circule dans ces livres ; un jaillissement ininterrompu nous fait sentir que cette vie intérieure, qui nous est propre, est en évolutoin et en création incessante. D'un autre côté, tout ce mouvement se heurte aux formes rigides de la société. Institutions, lois, professions sont du tout fait, du tout donné. Et Proust, en approfondissant la conscience, a été amené, à noter combien les élans de celle-ci, ses besoins, ses désirs, s'accrochent constamment aux obstacles fixes des milieux et des groupes.

Les lois sont figées, et même dans les pays où il n'y a que des traditions verbales et coutumières, ces lois ne changent

presque jamais, Les professions s'entourent presque toutes
d'un appareil de solennité, de gravité, de tout un cérémo-
nial, qui reste immuable à travers les siècles. Si les professions de juge, de médecin, d'avocat ont été l'objet d'innombrables vaudevilles, c'est parce qu'elles sont revêtues, plus
que d'autres, d'un ensemble de règles rigides et solennelles,
qui se heurtent à la spontanéité mouvante de la vie. Le
langage humain, qui est, lui aussi, quelque chose de tout
donné, de tout fait et qui n'évolue qu'avec une extrême
lenteur, est une source de rire lorsque les mouvements de
notre conscience s'accrochent aux aspérités des mots, aux
tours de phrases immobiles. Ce comique là est celui que
Proust a le plus continuellement exploité, sous les aspects
les plus différents, et en lui donnant souvent une résonnance
stupéfiante.

C'est donc bien du heurt constant entre la vie intérieure
et profonde de l'individu, que Proust cherche à atteindre,
et la vie sociale, que l'auteur s'applique également à décrire, surtout sous la forme de vie mondaine, c'est de ce
heurt que jaillit le comique proustien.

* *
*

Une première forme de ce comique tient à la manière
dont Proust campe ses personnages et les fait entrer sur la
scène de son roman. Pendant des pages et des pages, il
rapporte leurs expressions ou leurs discours; il fait le pastiche de la manière de parler d'un ambassadeur, d'une
duchesse, d'une femme de chambre. En même temps, il
fixe les tics de leur langage, et aussi leurs manies, leurs
gestes automatiques.

Il atteint ainsi leur conscience secrète et véritable. Ces
ics, ces gestes, ces quelques mots typiques, qui reviennent
continuellement dans les phrases de tel individu, corres-
ondent bien à son moi intime, qu'il essaie de cacher, mais

qui réapparaît malgré lui, et sans que même il s'en aperçoive. Ce choc entre la vie intérieure et l'enveloppe corporelle, qui la dissimule maladroitement, provoque naturellement le rire.

Voici le cas de Mme de Cambremer, qui répète continuellement dans ses phrases : « mes cousins de Ch'nouville. » « Nous avons ce soir à dîner mes cousins de Ch'nouville. » L'explication est simple. Mme de Cambremer est une bourgeoise, qui a épousé un noble dans l'espoir de pénétrer dans le Faubourg Saint-Germain. N'ayant d'autre passion que le snobisme, elle copie la prononciation des noms aristocratiques, telle qu'elle l'a observée dans les salons. La duchesse de Guermantes, quand elle parle de Madame de Chenonceau, élide toujours le *e* muet de la particule *de* et dit, par conséquent, : Madame d'Chenonceau. C'est ainsi que, par une imitation assez malhabile, Mme de Cambremer élide l'*e* muet, non plus de la particule, mais de la première syllabe de ses cousins Chenouville, dont elle prononce le nom *Ch'nouville*. Et, ravie de sa trouvaille, elle la répète continuellement. De même écrit Proust « un jour en visite, entendant une jeune fille dire : « *ma tante d'Uzai* », « *mon onk de Rouan* », elle n'avait pas reconnu immédiatement les noms illustres qu'elle avait l'habitude de prononcer *Uzes* et *Rohan*. Mais la nuit suivante et le lendemain, elle avait répété avec ravissement « ma tante Uzai » avec cette suppression de l'*s* finale, suppression qui l'avait stupéfaite la veille, mais qu'il lui semblait maintenant si vulgaire de ne pas connaître, qu'une de ses amies lui ayant parlé d'un buste de la duchesse d'Uzes, Mme de Cambremer lui avait répondu avec mauvaise humeur et d'un ton hautain : « Vous pourriez au moins prononcer comme il faut *Mame d'Uzai*.»

Tout le snobisme passionné, profond, secret du personnage éclate ici à travers l'instrument rigide du langage. Le comique est alors inévitable.

Les exemples de ce genre sont innombrables chez Proust. Il y en a presque à chaque page. C'est l'ambassadeur, Mr. de Norpois, faisant un sort à des phrases tout à fait insignifiantes, le diplomate étant persuadé de l'importance mondiale, des conséquences catastrophiques que peut avoir dans un discours des mots comme ceux-ci : « Qu'on le sache bien au quai d'Orsay, qu'on l'enseigne désormais dans tous les manuels de géographie qui se montrent incomplets à cet égard, qu'on refuse impitoyablement au baccalauréat tout candidat qui ne saura pas le dire, si tous les chemins mènent à Rome, en revanche la route qui va de Paris à Londres passe nécessairement par Pétersbourg », déclaration qui signifie qu'il faut resserrer l'alliance franco-russe.

Voici les tics mécaniques du *corps*, révélateurs du *cœur* : Mme Verdurin a poussé l'amabilité si loin que lorsqu'elle rit d'une stupidité d'un des « fidèles », qui viennent à chacun de ses Mercredis, elle ne prend plus la peine d'ouvrir la bouche, mais elle cache avec ses mains son visage renversé en arrière, mimique qui signifie que, si elle ne faisait pas un gros effort pour s'empêcher de rire, elle rirait tellement qu'elle se décrocherait sans doute la machoire. L'hypocrisie et la politesse de cette femme apparaissent par ce tic, qu'elle garde tout le long du roman (1).

Si ces manies apparaissent au premier abord moins comiques qu'elles ne le sont en réalité, c'est que Proust ne se contente pas de les décrire, il se livre vis-à-vis d'elles, à ce que Freud appellerait une véritable psychanalyse; il retrouve la source, les différents points de départ possibles du tic, bien fidèle en cela à sa méthode de psychologie en profondeur. Si bien que le tic comique une fois décrit, le récit reprend aussitôt un caractère grave : Proust remonte

____

(1) *Notons cependant qu'un tic comme celui-ci évolue lui aussi avec le développement du personnage; son âge, son snobisme, son changement de situation sociale...*

du geste extérieur à sa cause initiale; il analyse, somme toute, son propre comique.

*
* *

Le langage n'est pas seulement un instrument rigide, qui exprime grossièrement (ces tics sont de véritables lapsus linguae), les mouvements de la conscience — il crée encore entre les hommes, qui désirent communiquer par son intermédiaire, des erreurs continuelles. Aussi, chaque fois que, par le langage un individu ne pourra pas faire comprendre le sentiment profond et caché de son être, il y aura comique.

Là encore les exemples abondent dans *A la Recherche du Temps perdu*. Voici les tantes de Proust, qui s'imaginent qu'il est vulgaire et impoli de remercier Swann directement d'un envoi de fleurs qu'il a fait. Le jardin est très beau ce soir, diront-elles à Swann. Et j'ai cru hier que le jardin était entré dans ma chambre. Swann ne comprend rien à cette allusion lointaine à son envoi de fleurs. Les tantes de Proust, qui se figurent que Swann a saisi au contraire l'allusion délicate, lui font, par un sourire, un signe d'intelligence. Swann s'imagine que les tantes de Proust sont devenues folles. L'instrument mécanique, le langage, a raté sa fonction et son but, qui étaient d'exprimer sans appuyer, un léger remerciement. Ce heurt des mots est comique. Proust l'analyse et le comique se dilue.

Des quiproquos de ce genre, nous pourrions en citer des quantités (1). Voici Cottard qui prend toutes les déclarations de politesse à la lettre. C'est le cas contraire du

____

(1) *Proust a un véritable goût du vaudevilliste pour le quiproquo, et, pour la scène théâtrale. Si bien que souvent une description de paysage, un morceau d'analyse se terminent subitement par un dialogue, une anecdote, qui les illustrent et les éclairent sous une forme plaisante.*

précédent. Cottard ne saisit pas le sens symbolique évident du langage : Mme Verdurin, qui l'a invité dans sa loge au théâtre pour entendre Sarah Bernard, lui dit : Je m'excuse de ne vous offrir qu'une place dans ma loge. Vous seriez sans doute beaucoup mieux aux fauteuils d'orchestre. Et je ne sais même pas si le spectacle sera bien amusant. Et Cottard répond : Pas amusant du tout, vous avez raison. Et, en effet, on est beaucoup mieux dans un fauteuil que dans une loge.

*
* *

Cette impossibilité comique de communiquer par le langage dépasse le langage lui-même : les individus, en général, n'arrivent jamais à se comprendre; l'opinion du groupe sur tel personnage est presque toujours erronée. Le comique jaillit de cette fausse interprétation que fait la société, cadre rigide, sur les véritables mobiles de la conscience individuelle. Ce sont alors des comédies entières que Proust met en scène : Swann est Dreyfusiste; le prince et la princesse de Guermantes ont donné une fête, l'ont reçu, mais soudain, au milieu de la soirée, le prince a appelé Swann pour le prendre à part et lui parler longuement. Tous les invités s'imaginent que Swann va être expulsé pour des opinions qui ne sont pas tolérées dans le Faubourg. Mais voici qu'en réalité le prince raconte à Swann qu'il est lui-même ardent Dreyfusiste. Ne le répétez pas, surtout. Mais je tenais à vous en faire part. Imaginez-vous que, jusqu'à présent, je n'en avais rien dit, même à ma femme. Et c'est tout à fait en secret que j'ai fait brûler un cierge pour Dreyfus. Le curé m'a déclaré alors qu'un autre cierge brûlait déjà en faveur du même innocent. Et ce cierge était celui de ma femme, qui se cachait de moi, comme moi d'elle.

Proust s'amuse particulièrement à faire ressortir la marge immense qui sépare les opinions profondes, les causes réelles des actions humaines de leur interprétation officielle. Ce concert organisé à la gloire du musicien Vinteuil, joué par un exécutant de génie Morel, ce concert auquel assiste le ministre des Beaux-Arts n'a pu être réalisé que par un concours de circonstances inouïes, grâce aux passions et aux vices de la fille de Vinteuil, qui, pour se faire pardonner de son père, a déchiffré les œuvres posthumes du musicien, grâce aux passions et aux vices de Morel, qui sans la protection du baron de Charlus, n'aurait jamais été joué dans les salons, n'aurait jamais été entendu ni connu d'une élite, qui fait sa réputation.

La fameuse brouille, plus tard, entre Charlus et Morel, brouille préparée grâce au génie d'intrigue, à la perfidie de Mme Verdurin a procuré à Proust l'occasion d'une magnifique scène de comédie, digne de Molière.

Ainsi son comique part du simple jeu de mot, à interprétation psychologique (1). et se développe, jusqu'à la grande scène de théâtre. Mais nous retrouvons toujours, sous quelque forme que ce soit, cette lutte entre le mécanique et le vivant.

*
* *

Il y a cependant, dans l'œuvre de Proust, une autre source de comique, très répandue, et qui paraît au premier moment, procéder d'une manière toute différente : ce sont les rapprochements inattendus et lointains auxquels se livre l'auteur, soit dans ses descriptions, soit dans ses réflexions et ses comparaisons sur les individus et les événements.

---

(1) *Mme de Cambremer est appelée Mme de Camembert par le chauffeur de l'hôtel, qui tient à faire cette faute pour se rappeler un nom qu'autrement il n'arriverait pas à retenir.*

Ainsi Proust comparera le son de trompe d'une automobile, parce que divers souvenirs s'y sont incorporés, à certaines notes de la musique de Wagner. Proust arrive à Lisieux en voiture, devant la maison de ses parents ; le mécanicien donne de la trompe. « Au cœur de mes parents, le son a retenti joyeusement comme une parole inespérée... Ils se lèvent joyeusement, allument une bougie, tandis que le son de la trompe devenu joyeux, presque humain ne cesse plus de jeter son appel... Et je songeais que dans *Tristan et Ysolde* c'est à la répétition stridente, indéfinie et de plus en plus rapide de deux notes que Wagner a confié l'expression de la plus prodigieuse attente de félicité qui ait jamais rempli l'âme humaine. »

Ici, c'est donc au contraire, sous des apparences mécaniques qui semblent très inattendues, que l'auteur découvre une vie interne, réelle qui est partout la même. Le comique jaillit de l'unité profonde de nos sentiments intérieurs sous l'aspect fictif de cadres rigides, qui paraissent d'abord très opposés. L'émotion musicale peut vibrer de la même façon, qu'elle soit produite par une corne d'automobile, un orchestre wagnérien, nous dirions aujourd'hui un jazz, un sifflet, le glissement d'un archet sur une scie métallique.

L'exemple que j'ai choisi n'est pas particulièrement drôle, parce que le rapprochement ne donne pas une impression absurde, impossible.

Voici un cas encore assez littéraire : « le mécanicien de son automobile (Proust vient de visiter en auto plusieurs églises), revêt un capuchon qui le fait ressembler à «quelque nonne de la vitesse. » La plupart du temps, le mécanicien tenait seulement dans sa main « sa roue, sa roue de direction, qu'on appelle volant, assez semblable aux croix de consécration que tiennent les apôtres adossés aux colonnes du chœur de la Sainte-Chapelle de Paris, à la croix de

Saint-Benoit et en général à toutes les stylisations de la roue dans l'art du Moyen Age. Il ne paraissait pas s'en servir tant il restait immobile. mais la tenait comme il aurait fait d'un symbole dont il convenait qu'il fut accompagné. »

Maintenant, voici Charlus dans un salon, Charlus, le perpétuel insolent, continuellement en colère, cloué de stupéfaction par une grossièreté de la personne qu'il aime. « Et la pantomime éternelle de la terreur panique a si peu changé, écrit Proust, que ce vieux monsieur, répétait à son insu les quelques attitudes schématiques dans lesquelles la sculpture grecque des premiers âges stylisait l'épouvante des nymphes poursuivies par le dieu Pan. »

Les comparaisons d'événements quotidiens avec des réminiscences classiques sont très fréquentes. Dans *A la Recherche du Temps Perdu*, Proust compare les femmes, habillées en robes du soir, recouvertes de paillettes brillantes, et qui penchent leur buste seulement sur le rebord des loges de théâtres, aux Néréides antiques, dont le corps se terminait en queue de poisson — ou bien il cite des vers de Racine, tirés du rôle d'un roi, et les détournant de leur sens naturel et les interprétant selon sa pensée du moment, il les applique à un valet, ou à une cuisinière, dont il parle dans son roman. Ce burlesque, Proust ne s'en lasse pas. Ces rapprochements du ton grave et du ton vulgaire doivent dégager un rire irrésistible. Pour Proust, cela signifie que, quel que soit la noblesse de la forme, les sentiments d'un valet ou d'un roi, il les considère humainement sur le même plan.

Beaucoup d'écrivains modernes usent d'un procédé de style analogue, qui consiste à trouver une image inattendue, et qui, rapprochée brusquement, provoque le rire ou le sourire. Ainsi écrit presque continuellement Giraudoux. Les vers de Max Jacob, en dehors de leurs coqs à l'âne et de leurs jeux de mots, sont également pleins de ces images surprises.

Mais il n'y a pas chez ces écrivains, comme chez Proust, le sentiment intérieur et profond que toutes les choses de la vie de la conscience, sous leurs aspects multiformes, s'équivalent. C'est ce sentiment d'inanité et du néant qui est le point de départ chez Proust de tout un genre de comédie par comparaison.

C'est encore ce goût des rapprochements inattendus et voulus qui conduit l'auteur, quand il nous parle du regard dérobé, du regard secret de ceux qui ont des passions inavouables à masquer, à utiliser des images comme celles-ci : « Les yeux de Charlus étaient comme une lézarde, comme une meurtrière... » ils faisaient penser à « quelque déguisement d'un homme puissant en danger », ou encore « à un policier en mission secrète », etc.

Ainsi donc, aussitôt qu'un individu veut cacher un sentiment à la société, aussitôt qu'il veut dérober quelque chose à ses semblables, l'honnête homme aux passions secrètes prendra les mêmes attitudes extérieures, fera les mêmes gestes rigides que l'assassin.

Ailleurs, faisant dialoguer deux diplomates, Mr. de Norpois, ambassadeur français avec le prince de Faffenheim, ambassadeur allemand, il comparera leur manège, au milieu du salon de la marquise de Villeparisis, leurs réticences, leur hypocrisie, au manège d'une bande de voleurs dont tous les membres se méfient les uns des autres.

Somme toute, pour Proust, la société crée des séparations, des classes, des clans, attache une grande valeur à son classement, mais sous cette division purement abstraite, la vie, la vie réelle se présente comme un courant unique. Et quand finalement, aux Champs Elysées, le héros entre dans le fameux Chalet de Nécessité, la tenancière lui parle de sa clientèle, des gens malpropres qu'elle est obligée d'exclure, de ses fidèles habitués, de la sélection qu'elle fait parmi ceux qu'elle reçoit, sur le même ton que la marquise de Villeparisis. Nous pouvons placer dans un nom toute la gloire de l'histoire et l'étendue de la terre, derrière le nom, les mots font apparaître tous les hommes sur un même plan.

*
* *

Cette vie profonde, intérieure, de la conscience dont j'ai parlé si souvent au cours de cette étude, c'est elle qui représente pour Proust la réalité du monde, le bien, le beau; c'est elle que l'artiste doit s'efforcer de rejoindre dans sa mobilité, dans son jaillissement, pour créer l'œuvre d'art. Le but de Proust, il faut bien le répéter, c'est cette tentative de forcer la croute desséchée d'habitudes toutes faites qui nous empêche de plonger au sein de nous-même, d'atteindre notre vrai moi, notre personnalité libre — et c'est au cours de cette exploration en profondeur que Proust a été amené à rencontrer les cadres de la société, et à nous dépeindre le comique.

D'ailleurs, l'homme privé, chez Proust, était un être grave. Sans doute, il s'est amusé dans sa jeunesse, à faire ce qu'on appelle dans les salons des *imitations*. Tout le monde admirait la manière dont il parodiait Montesquiou. Ces imitations, jouées, vécues, lui ont servi, nous l'avons vu, à faire ces pastiches des personnages, à dépeindre leurs tics. Mais l'essentiel de la conversation de Proust était relative à la documentation qu'il cherchait à se créer pour son roman. S'il aimait tellement parler des gens du monde, des « potins », ce n'était que pour continuer à rester en contact avec ceux qu'il avait fréquenté à vingt ans. C'est ainsi que souvent, à une personne qui lui était présentée pour la première fois, il demandait pendant une heure si elle n'était pas parente, par exemple, avec un officier qui avait des yeux verts exactement comme les siens et qu'il avait rencontré il y a quinze ans au bord de la mer. En parlant, Proust travaillait à son livre. Il s'était donné tout entier à son œuvre. A aucun moment, il n'a été ce qu'on appelle un homme d'esprit, ni un homme spirituel. Mais il n'en reste pas moins vrai que tout écrivain, qui consacre son intelligence aux tentatives les plus sérieuses et les plus profondes, doit nécessairement avoir en lui, plus ou moins exprimé, le sens du comique.

Léon Pierre-Quint.

MARCEL PROUST ET LE JUDAÏSME

PAR

RENÉ GROOS

MARCEL PROUST ET LE JUDAISME

S ujet dangereux. Il faudrait, pour le traiter à fond,
un volume entier. Qu'on ne s'attende à trouver ici
que quelques notes cursives.

★
*   *

Dès qu'il est question du judaïsme, les passions entrent
en jeu. Dans ce domaine, la polémique a tout brouillé. Il
convient d'être circonspect : le facile, c'est ici l'excès.
Ne manquons pas de nous méfier.

★
*   *

Un jeune écrivain, très informé mais singulièrement
enclin au paradoxe, M. Denis Saurat, consacrait naguère

une de ses curieuses chroniques des *Marges* à l'analyse du style de Marcel Proust.

C'est, aux yeux de M. Saurat, dans le style plus que dans les idées ou les systèmes que se manifeste la tournure d'esprit d'une race. La mère de Proust était juive, « le style proustien est le style du rabbin commentant les Écritures » (1).

« Qui ne voit, demande M. Saurat, que ce style a été inventé, vers l'ère chrétienne, par les juifs de Babylone et de Jérusalem, pour commenter les livres sacrés. Phrases *longues* de commentaires, *compliquées* parce qu'un gloseur considère tous les sens possibles du texte, *surchargées d'incidentes* rendues nécessaires par cela même, *aboutissant à de petites trouvailles précieuses,* car le but du commentaire est précisément de mettre en évidence les à-côtés du sens, plus importants souvent que le sens immédiat, *désarticulées* afin de poursuivre en même temps toutes les ramifications d'une idée, *permettant les échappées* qui sont des références constamment voulues à d'autres textes, à d'autres confirmations. Léon-Pierre Quint en définissant le style de Proust, a défini le style du *Talmud* et du *Zohar*. *Les phrases brèves et légères* sont aussi dans ces commentaires car si l'on regarde le passage entier, les phrases courtes ne sont que des fragments séparés d'une période enchevêtrée. »

On admirera sans doute l'habileté de cette glose. Mais précisément la glose n'est-elle point trop habile? n'y sent-on pas une pointe d'artifice, dont on a plaisir à louer la finesse mais qui ne convainc guère? M. Saurat cite la phrase, qu'il veut caractéristique, où Swann caresse Odette et commence par toucher ses fleurs :

Soit crainte de la froisser, soit peur de paraître rétrospectivement avoir menti, soit manque d'audace pour formuler

----

(1) Les Marges *du 15 oct.* 1925 : « *Le judaïsme de Proust.* »

*une exigence plus grande que celle-là (qu'il pouvait renouveler,
puisqu'elle n'avait pas fâché Odette une première fois).*

« On reconnaît immédiatement ici, ajoute le critique, la loi
première du commentateur : donner d'un fait ou d'un texte
toutes les explications possibles, et cela sans avoir à les
faire concorder. Un passage a, pour les rabbins, plusieurs
sens, qui ne sont pas nécessairement reliés et qu'il faut
noter tous. »

Ouais ! Nous n'en disconvenons pas. Mais cette phrase
bistournée eût pu être signée de Faguet, par exemple, qui
n'était point fils d'une demoiselle Weill. Nous ne disons
pas que la thèse de M. Saurat soit fausse, du moins est-elle
excessive et son argumentation porte à faux. Enoncer que
Proust n'est « qu'un produit de dégradation du rabbinisme »,
c'est fort joli : encore reste-t-il à le prouver.

Nous n'aurons pas la simplesse de M. Gustave Kahn,
qui paraît croire que M. Saurat n'a visé que les *longueurs*
de la phrase proustienne :

« Et voici qu'on agite une question Marcel Proust, et
qu'un critique qui d'ailleurs ne manque ni de sens ni de
style, M. Denis Saurat, trouve dans les longues phrases de
Proust une preuve de ses origines sémitiques. Nous ne
refusons pas Proust, et ce n'est point l'occasion de discuter
ou de louer son talent. Pourtant si l'on nous dit que la
preuve des origines sémitiques de Proust se trouve dans la
longueur de ses phrases, nous objecterons :

« Que parmi les plus belles œuvres issues de l'esprit juif,
l'œuvre de Spinoza intéresse par sa forte concision;

« Que Heine est un poète qui s'exprime par strophes
brèves, si bien qu'aucun poète n'a su par deux striphes
vigoureusement contrastées arriver à une telle puissance
de raccourci.

« Dans les œuvres françaises, la phrase courte n'est pas
de rigueur. »

Ces objections sont enfantines : M. Saurat s'attache moins
à la longueur de la phrase qu'au développement du raisonnement. Seulement, il n'a point serré suffisamment la
question, la comparaison dont il se paie est toute superficielle.

L'analyse de Proust, qui « va plus loin que celle de
Balzac » a dit M. Léon Daudet, affecte une autre grandeur
que le ratiocination talmudique. Proust est le génie de la
réflexion pure : il agit, sur la matière vivante, sur soi-même,
avec une lucidité toute désintéressée; alors que la sara-
bande talmudique, qui tombe au-dessous du médiocre
comme œuvre d'art, marque une volonté préconçue de
prouver. Le rabbin part d'un texte, qu'il entend relier à
un autre texte : s'il en épuise les sens divers, par un sophis-
tique déclamatoire qui n'est pas très imposant d'intelligence, cet embrouillamini n'en est pas moins mû par une
passion de mystique insurgé. Cette éloquence charlatane
suinte immuablement l'absolu. Proust n'a souci que du
vrai seul et le traduit avec une clairvoyance extrême; le
talmudiste est passionné de justicisme idéal : le vide immense, la honteuse puérilité de ses discours artificiels, qui
sautent et bondissent dans le faux, sont la marque d'un
esprit de chimère poussé jusqu'à la névrose. L'un analyse
le réel, l'autre s'enivre d'hystéries.

M. Saurat, M. Saurat, vous qui évoquez et *Talmud* et
Zohar, reportez-vous aux textes, je vous prie, et relisez.
Vous êtes trop subtil pour ne point discerner, sous la
forme volontiers logicienne, des bouillonnements forcenés.
« La Bible, disait Hugo, n'est-elle pas romantique? » Sous
une forme asséchée, le Talmud l'est-il moins?.. Tout cela,
croyez-moi, est très loin du style proustien. « Il manque
à Proust, écrit M. Kahn, quelque chose pour qu'on puisse
le mettre au rang des grands penseurs ou des écrivains
juifs ». Quelque chose, oui. M. Kahn ne sait quoi. Nous

le lui dirons charitablement : il manque à Marcel Proust de
l'ébriété romantique.

*
* *

Je fais grâce à M. Saurat de l'autre face de sa démonstration. Ici, il ne touche pas le but, parce qu'il le dépasse.
Abandonnant le style, il en vient à la pensée et il promulgue
que « si Proust a osé jeter l'inversion sur le marché littéraire, c'est que la spéculation de sa race au cours de deux
millénaires l'y avait préparé ».

Autant dire que M. André Gide est, lui aussi, fils d'Israël !

*
* *

M. André Spire, qui n'a point la finesse de M. Denis
Saurat, a « démontré le judaïsme de Marcel Proust » avec
plus de simplicité.

Sans doute attribue-t-il à Proust certains sentiments
qui lui sont plutôt personnels, à lui, M. André Spire; et
il serait bon de n'oublier pas que le dreyfusisme de Proust
s'était fortement atténué : Proust avait vu les dreyfusistes
de près, il les avait vite jugés; leur anticléricalisme, leur
antimilitarisme, leur sottise et leur lâcheté lui répugnaient;
il ne se laissait plus prendre à leur plat moralisme. Mais
M. Spire a judicieusement montré avec quelle maîtrise
Proust a su camper des personnages juifs.

Ils sont nombreux, dans son œuvre, qui jouent des
rôles secondaires. Et il y a, au premier plan, Swann, *le fils
Swann*, dont le portrait est d'une véracité extrême : « Swann
dont le caractère offre avec le sien tant de ressemblance
qu'on se demande souvent si Proust parle de lui-même ou
de Swann » (1).

---

(1) Les Nouvelles littéraires 28 *juillet* 1923 : « *Marcel Proust et les Juifs* ».

Autre trait, qu'a noté M. Albert Thibaudet : « L'univers de Proust et de Montaigne est une projection de schèmes dynamiques, et c'est avec ces schèmes dynamiques que le style, par l'intermédiaire des images, s'efforce de coïncider ». (1)

Marcel Proust, comme Michel de Montaigne, était né d'un père chrétien et d'une mère juive. Ce sont tous deux des écrivains français, d'une admirable qualité. « On peut considérer Proust comme le représentant actuel de la famille des analystes subtils qui, depuis Montaigne, a rarement chômé chez nous ». Les deux anneaux extrêmes d'une chaîne qui relie quelques-uns des meilleurs esprits classiques. Mais il y a bien chez eux ce dynamisme que M. Thibaudet a raison de rapporter, « avec quelque réserve », et « de biais », à leur parenté juive.

« Les idées qui dominent l'esprit et l'œuvre de Proust, écrit M. Léon-Pierre Quint dans sa remarquable monographie, l'écoulement du temps, l'évolution perpétuelle de la personnalité dans la durée, les richesses insoupçonnées de l'inconscient que nous ne pouvons retrouver que par l'intuition, la mémoire ou les associations involontaires, mais qu'il n'est possible d'exprimer qu'à l'aide de l'intelligence, l'intelligence seule incapable de saisir la vie, l'art unique réalité du monde et qui permet de retrouver la vie dans sa profondeur, toutes ces idées s'inspirent de Bergson. Proust semble avoir vécu, senti, expérimenté personnellement toute la psychologie bergsonienne (2) ».

* *
*

Une étude sérieuse du judaïsme proustien montrerait à quoi il se réduit. Sans doute a-t-il fourni à Proust, partielle-

---

(1) *N. R. F.* 1er *janvier* 1925 : *Hommage à Marcel Proust.*

(2) *A remarquer que M. Bergson était, par alliance, apparenté à Marcel Proust.*

ment, une matière où exercer son art admirable et, peut-être, une vue générale du monde. C'est là tout dire, c'est même là beaucoup dire. « On a voulu, écrit encore M. Pierre Quint, trouver dans son ascendance israélite une explication à certaines tournures de son esprit. Ce sont des déductions théoriques, qui n'éclairent rien (1) ».

Quant à l'art proustien, à ce qui fait à nos yeux l'intérêt de Marcel Proust, ce serait une erreur de croire qu'il rompe la tradition française et qu'il soit un apport « talmudiste ». Ce serait une vue extrêmement superficielle. Si l'analyse proustienne a rénové le roman psychologique, si l'on ne saurait plus écrire après Proust comme l'on écrivait avant lui, c'est là le fait d'un écrivain de génie, mais qui s'incorpore à la tradition des lettres françaises. « Dans l'ensemble des styles français depuis *les Provinciales*, écrit encore M. Thibaudet, il faudrait créer pour Saint-Simon et Marcel Proust une catégorie à part, où on ne voit pas qui d'autre pourrait être placé... Mais il suffit de l'existence de Saint-Simon pour que nous puissions amorcer Proust à un point de notre riche diversité littéraire et le constituer dans sa tradition ».

Nous autres, admirateurs de Proust, nous voyons trop souvent son œuvre à travers ses pires détracteurs : les

---

(1) « *Peut-être, ajoute M. Pierre Quint, l'étonnante résistance de Proust à la souffrance et à la mort est-elle plus particulièrement caractéristique. N'est-ce pas là le seul trait véritablement juif qui paraît chez Swann, que Proust peint comme lui-même entièremeàt assimilé* ». *Bon ! Mais la « résignation chrétienne », qu'est-ce alors ? Mme Ludmila Savitzky dans une étude de* Memorah *(1ᵉʳ nov. 1925) note que M. Pierre Quint « n'insiste guère sur l'origine semi-juive de Proust »; elle convient qu' « il n'a pas tort » mais veut retrouver chez Proust une « atmosphère morale qui rappelle impérieusement certaines particularités de l'âme juive ». Certaines, mais lesquelles? En tous cas, en fait d'atmosphère morale, Proust règne à cent coudées au-dessus du moralisme talmudiste.*

passages où l'on estime qu'il s'empêtre dans une analyse contordue, et que l'on compare grossièrement aux gloses talmudiques, sont beaucoup plus rares qu'on ne veut bien le dire et l'imprimer. L'art de Marcel Proust est lucidité.

René GROOS.

NOTE
POUR UNE INTRODUCTION
A L'ÉTUDE DE LA MUSIQUE
DANS L'ŒUVRE DE PROUST

PAR

J.-N. FAURE-BIGUET

NOTE

POUR UNE INTRODUCTION
A L'ÉTUDE DE LA MUSIQUE
DANS L'ŒUVRE DE PROUST

I.

Il semble qu'il y ait de l'imprudence à s'engager avec Proust dans un chemin déterminé. A peine a-t-on fait quelques pas, qu'il vous prend par le bras, et vous suggère, avec mille politesses, son propre itinéraire. On voulait aller chez Vinteuil, surprendre dans la petite maison du musicien le secret de l'inspiration, et voici qu'il vous arrête dans son jardin de Combray, au milieu de toute sa famille assise après dîner sous les arbres, autour de la table de fer.

J'avais formé le dessein de rechercher dans l'œuvre de Proust les éléments d'une méthode pour étudier ses rapports avec la musique; et peut-être aussi de retrouver, parmi tant d'images-secondes, l'image-première, l'image.

réflexe, qui l'émeut chaque fois que des sons concertés heurtent son oreille, afin de toucher le lieu même d'où jaillit sa poésie, d'approcher autant qu'il est possible la surface de son inconscient qui paraît affleurer plus précisément dans ces moments musicaux. Mais il me fait signe d'écouter dès les premières pages, lorsqu'il entend « au bout du jardin, non pas le grelot profus et criard qui arrosait, qui étourdissait au passage de son bruit ferrugineux intarrissable et glacé, toute personne de la maison qui le déclanchait en entrant « sans sonner », mais le double tintement timide, ovale et doré, de la clochette pour les étrangers ».

Un choix d'épithètes si justes, si inattendues, si musicales, où apparaît déjà le jeu des concordances, me frappe au point que je me demande s'il est besoin de pousser plus avant, et si, de même que de la saveur du petit morceau de madeleine trempé dans du thé se relève tout un passé enseveli dans la mémoire de l'auteur, de ce tintement de clochette ne pourraient point naître et se développer tous les motifs de la symphonie qui ne cesse de baigner, de conduire et de mener à son terme la recherche du Temps perdu.

II. — Il est certain que l'ouïe atteignait chez Proust un degré de sensibilité extrême ; elle était d'une finesse, d'une sûreté qui lui faisaient dépasser la limite des perceptions normales. La pièce où il vivait, tapissée de liège, les cinq chambres qu'il louait à l'hôtel de Cabourg pour protéger la sienne d'une zône relative de silence en sont les marques extérieures, grossières, mais répondant chez lui à un besoin. S'il craignait les sons autant que les parfums, c'est qu'il les percevait avec une acuité exceptionnelle. Il découvrait le son à sa naissance, et le plus faible bruit émettait pour lui des vibrations et des harmoniques ou tout autre n'eut entendu qu'un murmure confus. De là, sans doute ces comparaisons musicales, qui lui viennent à l'esprit naturellement, et qu'il sait traduire avec un tel bonheur dans le maniement des sonorités du langage, que non seulement l'idée de sa comparaison nous atteint, mais encore son essence musicienne elle-même. Quelle phrase de nocturne nous rendra plus explicite l'enchantement d'un clair de lune que celle-ci :

« Dehors, les choses semblaient, elles aussi, figées en une muette attention à ne pas troubler le clair de lune, qui doublant et reculant chaque chose par l'extension devant elle de son reflet, plus dense et concret qu'elle-même, avait à la fois agrandi et aminci le paysage comme un plan, replié jusque-là, qu'on développe. Ce qui avait besoin de bouger, quelque feuillage du marronnier, bougeait. Mais son frissonnement minutieux, total, exécuté jusque dans ses moindres nuances et ses dernières délicatesses, ne bavait pas sur le reste, ne se fondait pas avec lui, restait circonscrit. Exposés sur ce silence qui n'en absorbait rien, les bruits les plus éloignés, ceux qui devaient venir de jardins situés à l'autre bout de la ville, se percevaient, détaillés avec un tel « fini », qu'ils semblaient ne devoir cet effet de lointain qu'à leur pianissimo, comme ces motifs en sourdine si bien exécutés par l'orchestre du Conservatoire que, quoiqu'on n'en perde pas une note, on croit les entendre cependant loin de la salle du concert... »

On rêve après cela, d'une musique où les intervalles soient sans fin diminuées, jusqu'à un point où les sons, n'étant plus divisés en notes qui se succèdent ou se combinent les unes avec les autres comme les points d'une tapisserie, ne formeraient plus, du grave à l'aigu, qu'un seul tissu de son continu, dont les modulations insaisissables à l'oreille n'auraient plus besoin pour monter ou descendre de se poser sur une succession de commas et de demi-tons, barreaux grossiers de l'échelle tendue pour notre imperfection entre deux infinis.

III. — Il n'apparaît pourtant pas que Marcel Proust eût une culture musicale particulièrement développée, ni même, de ce point de vue strict, le goût le plus sûr. Il n'aimait pas toujours les plus grands musiciens, et ne préférait pas, dans ceux qu'il aimait, le meilleur d'eux-mêmes. A treize ou quatorze ans, il désigne, dans un questionnaire d'album retrouvé, Mozart et Gounod comme ses compositeurs favoris, ce qui n'est pas mal; mais plus tard, on le vit s'attacher à des musiciens de second plan, et la vénération passionnée qu'il eût pour Beethoven ne contrariait pas l'attirance qu'il ressentait pour de moindres artistes. Il était par là d'ailleurs, logique avec lui-même, la musique n'étant nullement pour lui (ou du moins tel qu'il apparaît dans son œuvre, — comment les séparer ?) une fin en soi. Dès *les Plaisirs et les Jours*, parlant de la mauvaise musique, « sa place, écrit-il, nulle dans l'histoire de l'art, est immense dans l'histoire sentimentale des sociétés ». Et c'est toujours subjectivement qu'il considérera la musique, en dehors de la pensée du musicien.

Il n'entend guère une sonate ou un septuor à la première audition, et ce qu'il entend à la seconde, ce n'est pas le thème voulu par le compositeur ou l'harmonie qui lui sert de décor. Mais il perçoit, à travers l'écran sonore, celui qu'il était lorsque cet écran s'interposa pour la première fois entre le monde et lui. C'est un moyen mnémotechnique qui lui permet de se retrouver lui-même, dans les sentiments où il était alors, et entouré des mêmes êtres. La musique, n'est plus qu'une formule magique grâce à quoi tout espace s'abolit, un moyen cabalistique, une machine à explorer le temps perdu. Et comme se produit alors un dédoublement entre sa personnalité présente et son « moi » passé, comme s'établit cette coïncidence éternellement poursuivie d'un état d'âme antérieur retrouvé avec un état d'âme actuel et objectif, il découvre enfin, à l'aide de la musique, voyant l'envers et l'endroit du même coup d'œil, le secret de la continuité.

IV. — Sans doute, il commente bien souvent le morceau de musique qu'il entend. Mais alors, l'anecdote s'en mêle, et une manière de littérature délicieuse, de moindre portée. Le même thème musical supporte plusieurs interprétations; sous une dénomination identique, il varie d'un passage à l'autre. La fameuse petite phrase de Vinteuil n'est pas une, — il l'a longuement expliqué lui-même dans une dédicace à Jacques de Lacretelle. Elle est tantôt « la phrase charmante, mais enfin médiocre » d'une sonate de Saint-Saëns, tantôt l'Enchantement du Vendredi-Saint, tantôt la sonate de Franck ou une pièce pour piano de Fauré. Elle est, en somme, la musique-type, et il compose son unité comme celle de ses personnages, avec des traits empruntés à plusieurs. Et nous la reconnaissons sous une autre apparence, mais remplissant déjà l'une de ses fonctions principales dans une nouvelle de *Les Plaisirs et les Jours* : « Une phrase des *Maîtres Chanteurs*, entendue à la soirée de la Princesse d'A... avait le don de lui évoquer M. de Laléande avec le plus de précision. Elle en avait fait sans le vouloir, le véritable leit-motiv de M. de Laléande, et l'entendant un jour à Trouville, dans un concert, elle fondit en larmes. »

Cette petite phrase de Vinteuil — La Musique — circule partout à travers son œuvre comme une source, qui sourd de terre, puis disparaît, et que plus loin on retrouve, donnant au paysage son sens, son âme. Proust la reprend chaque fois que quelque changement profond va se produire en lui. Comme le trajet accompli par une rivière n'est que le déplacement des mêmes gouttes d'eau à travers la campagne, ainsi la combinaison de notes qui poursuit son aventure à travers l'âme de Proust étendue dans le temps est-elle toujours la même. C'est elle qui provoque la naissance de l'amour de Swann, son déclin et sa mort, et c'est en elle qu'enfin, le Temps se retrouve. Cette phrase, il la personnifie, il la déifie, presque. Eût-il écrit quelques siècles avant, il en eut fait un mythe. Et l'on imagine la figure poétique de quelque sirène, sortant des flots de l'inconscient, la bouche pleine d'un chant dont la mélodie mystérieuse ferait s'entr'ouvrir devant elle la porte du Temps et de l'Eternité.

V. — M. Benoist-Méchin, partant d'un point différent du nôtre a subtilement et justement expliqué comment la Musique donnait à Proust la clef de l'Eternel Retour. Il n'y faut pas revenir. C'est là, d'ailleurs, une autre question. Pour nous, il suffit de trouver dans la musique le point le plus sensible de la véritable grandeur de Proust. Car ce qui donne à son œuvre une valeur d'incantation souveraine, et la met sur le plan de la poésie pure, ce n'est ni l'observation parfaite des mœurs, ni l'acuité miraculeuse de la psychologie, ni le côté « fresque » dont on l'accable toujours, mais bien plutôt cette antenne que Proust semble parfois plonger dans l'arrière-monde, dans une quatrième dimension sous l'angle de laquelle, à certaines minutes, il semble apercevoir les objets et les êtres. Pendant ces minutes-là, il s'arrête, et regarde : un petit rosier, trois arbres au bord de la nuit, une jeune fille endormie. Le monde autour de lui s'évanouit; et porté sur le véhicule de la musique, il entre dans un domaine nouveau, supplémentaire, ou la connaissance immédiate lui est donnée. Il faut employer alors, pour définir cette attitude proustienne, un mot qui n'avait pas encore fait fortune de son vivant, et dire qu'elle est exactement « surréaliste ».

VI. — Après avoir élevé si haut la Musique, osera-t-on dire qu'elle lui fut commode, mais comme un instrument poétique plutôt qu'indispensable? Car, à l'origine, cette sirène mystérieuse, qu'est-elle d'autre, nous le disions tout à l'heure, qu'un moyen mnémotechnique? Et puisque le son lui paraissait être le signe le plus pur par quoi l'humain peut correspondre avec le divin, puisqu'il l'a choisi comme un langage supérieur à tous les langages, un son, délivré de toute intervention conventionnelle, tel le « tintement ovale et doré » de la clochette qu'il entendait dans son jardin du soir, aurait pu remplacer dans son œuvre la petite phrase de Vinteuil.

Disons donc que l'essence même de la Musique est chez Proust ailleurs que dans les passages où il parle de la Musique formelle.

J. N. FAURE-BIGUET.

MARCEL PROUST ET NOUS

PAR

GÉRARD DE CATALOGNE

MARCEL PROUST ET NOUS

C'EST une figure, incontestablement une figure, et la plus forte qui ait paru parmi les romanciers de ce temps. Depuis le jour où un article de M. Léon Daudet rendit Marcel Proust célèbre, la Renommée cette enjoleuse a été pour lui une courtisane, se donnant puis se reprenant tour à tour et lui dispensant ses faveurs avec une inconstance inlassable. Homme malheureux ! trop malheureux, à qui tout fut difficile, qui ne connut même pas une fois dans sa vie une minute de repos ou de bonheur. Comme la maladie n'était point parvenue à abolir toute clairvoyance en lui, pour se distraire pendant ses longues heures d'insomnie il avait essayé de livrer à une élite le tourment qui le préoccupait. En décrivant ce que son imagination méditative réveillait de luttes, il a révélé ainsi à l'âme de ses contemporains les affinités lointaines avec un passé auquel il rend tout son éclat dans sa mélancolique splendeur.

C'est pourquoi j'approche de cette œuvre avec le sincère désir de la juger en toute impartialité ; mais est-ce ma faute si je suis toujours à la recherche non de l'inconnu, qui me déçoit, mais d'une vérité, d'une certitude nouvelle? Nous vivons une époque triste que tous les tangos du monde n'arriveront pas à égayer; aussi il existe des esprits à qui ne suffisent pas les mirages sensuels, les bavardages politiques, les résignations fatiguées, les apathies décadentes et les scepticismes stérilisateurs. Cette ignorance était possible en effet au temps pur de l'enfance, quand nous étions encore blottis dans les bras de nos mères. La vie végétative et tendre de la fleur qui accepte le vent, la pluie et le soleil sans se tourmenter des causes et des fins, abandonnée dans l'adoration, ne nous suffit plus. C'était possible au temps candide où l'on vivait tout contre la nature, perdus en elle, s'abandonnant avec confiance. Nous avons passé l'âge naïf et simple. On nous a donné le goût du savoir. Quand le malheur vient, nous ne pouvons plus tendre le cou, car nous n'avons plus la naïve faiblesse des choses qui se laissent aller. L'angoisse nous habite. Nous nous débattons. Nous nous agitons. Nous n'acceptons plus.

Pour nous sauver, que faut-il? Des calculs? Des états majors qui additionnent et divisent pour savoir où est la victoire et la défaite? Non pas. La victoire est vivante au cœur de l'élan qui la désire jusqu'à la mort. La victoire d'une armée est sûre au cœur du soldat sûr. La vraie force est là où on croît en elle. La véritable énergie bat aux artères intrépides et non pas au pouls ralenti des fatigués qui distribuent des promesses sans avoir le courage de les tenir.

Seuls, nous sommes seuls. Mais que faut-il à notre solitude pour qu'elle se peuple? Une idée : reflet de la vie profonde sur la vitre de la conscience. Le reflet du couchant sur les fenêtres allume des soleils sur la face craquelée des maisons. Il nous faut un drapeau qui ne soit pas seulement un chiffon de soie ou de calicot, une foi sortie de notre cœur et de notre intelligence pour nous débarrasser du dégoût et des amertumes et pour nous aider à nous dépasser. L'être humain a besoin de donner son souffle, de projeter sa vie hors du cercle du « moi », d'animer. Il lui faut se consacrer à une œuvre. Il se voue alors à l'amour passionné d'un autre être. L'œuvre croule si cet être a en lui des hérédités ou des erreurs qui le rongent. C'est la grande tragédie de la femme, acharnée par un destin dont nous ignorons la cause profonde à verser l'urne des parfums du sacrifice sur des pieds condamnés à la chute. Elle aime avec la force primitive, l'instinct élémentaire et maternel. De l'enfant ou de l'homme elle fait une idole. Plus tard elle s'aperçoit qu'elle a étreint le vide et que plus elle serre les bras, plus l'objet de son adoration se dérobe et chancelle.

Les femmes à l'espoir trompé, les foules à l'espoir trahi; les unes et les autres ne sont-elles pas d'abord dupes d'elles-mêmes? Les fils partent, les amours meurent, les politiques changent. Notre angoisse se débat dans ce tourbillon. Où est le Certain qui nous délivrera du Néant? Où est l'Idéal que nous pouvons servir pour lui-même? Il faut regarder en arrière et en soi.

Je sais que ma chair n'est qu'une multitude de cellules en perpétuel travail. Je sais que ces cellules ne sont qu'une infinité d'atomes et que ces atomes ne sont eux-mêmes que de l'énergie en mouvement. Je me regarde comme si je ne me connaissais pas. Je ne connais pas les millions de parcelles vivantes, dont je suis la somme. J'ai appris que chacune est un invisible univers où gravitent des corpuscules infiniment petits. Je vis sans en avoir conscience, ne voyant que ce qui diffère entre les êtres, entre les hommes.

Quand la mort passe près de nous — soit que nous ayons eu une maladie grave, que nous ayons perdu un être cher ou que le désespoir ait possédé notre âme — elle nouscommande un sévère examen de conscience. Par examen de conscience, je n'entends pas une revision de nos actions individuelles accompagnée de contrition ou de satisfaction. J'entends une complète remise en question de notre conception de vivre. L'intelligence cherche aujourd'hui à mieux embrasser le pourquoi de la vie et la guerre est debout, barrant l'horizon. C'est le moment de penser, de ramasser ses forces et de chercher dans le passé avec une sincérité ardente la lumière qui sauve. C'est une question vitale; c'est une question humaine.

Par conséquent on ne peut à l'heure actuelle concevoir une littérature sans éthique; la première doit être considérée avant tout comme « une activité subordonnée », et l'éducation de l'âme y doit reprendre sa véritable place. Si l'esprit humain dort engourdi de paresse, si tant de cœurs sont lâches, si tant de consciences défaillent, les choses se chargent de nous imposer l'ordre. C'est la revanche des faits.

*
* *

Il reste donc à dégager les conséquences de la venue de Marcel Proust. L'exploration du cœur humain a-t-elle été l'unique but de son art ? La question posée est nette ; non moins nette sera la réponse.

Ce mélancolique nous aide à sortir en quelque sorte de notre monde habituel, à partir vers les régions de l'Inconnu et de l'Inconscient et c'est pourquoi si souvent il a recours aux rêves. Ceux-ci permettent des suggestions, développent de nouvelles ressources, qu'il est possible d'améliorer et de faire servir à un but unique : la connaissance de soi. Rêver n'est pas toujours en notre pouvoir mais créer un état d'esprit, qui soit favorable à l'éclosion de ce phénomène est souvent employé dans les expériences psychologiques. Il suffit alors d'observer certaines conditions phy-

siques et morales; tout prend un aspect inaccoutumé, qui
aide à la floraison de sensations nouvelles. Ici « l'inexprimable n'existe pas ». Le rêve n'est plus un détail insignifiant,
un complément sans importance, il fait partie même de
l'action et de la vérité apparente. Mais à force de chercher
à pénétrer dans les détails, l'auteur a réussi à en déduire
quelques grandes idées générales, à l'aide desquelles, sans
fausse éloquence, une philosophie nouvelle va voir le jour;
aucun raisonnement ne préside à ses créations, l'intelligence n'y pouvant jouer qu'un rôle secondaire et notre vie
affective dans sa complication étant toute différente de
notre vie intellectuelle. Lois du mouvement, de l'évolution
de l'inconscient, comme l'a si bien remarqué M. Léon
Pierre Quint. « Nous ne nous baignons pas deux fois dans
le même fleuve », tout passe mais les choses ne sont pas
soumises seulement au changement; elles le sont surtout
par rapport à l'état de notre esprit. On s'acclimate peu
à peu à l'hostilité ou à l'antipathie, car les moindres actions
se modifient par l'habitude et sont sensibles à la méta-
morphose. Nous sommes soumis au temps, aux minutes qui
s'écoulent, aux heures qui passent pour ne se terminer que
dans la mort. Telle est cette philosophie désolante, corrigée
seulement par l'idée que cet écoulement continu est nécessaire à l'éclosion de sensations plus belles et de sentiments
plus spontanés et plus sincères.

Cherchant donc un aliment pour satisfaire notre faim
intellectuelle, pouvons-nous nous adresser à Proust? Que
nous offre-t-il de vraiment substantiel? Ce peintre de la
troisième république qui décrit pendant des centaines de
pages des états d'âme, où se retrouve une originalité décon-
certante est-il capable de contenter notre besoin de certitude avec Albertine, Odette et le vieux Charlus? Personne
n'oserait le soutenir sérieusement. Il est beau de se déclarer
prêt à la peinture intégrale du monde intérieur. Il est utile

même d'avoir essayé et à moitié réussi un tel labeur. Il
est regrettable cependant qu'une place prépondérante ait
été donnée aux parties basses de notre être. Etre vrai, ce
n'est pas seulement entrevoir une partie de la vérité, même
en spectateur désintéressé; c'est aussi dire tout ce qui est
nécessaire à la compréhension d'une vie tragique ou comique
ridicule ou sublime. Il y a dans tout caractère une question
de surnaturel qui se pose; la nier et s'en passer c'est atro-
phier la personnalité, c'est en faire un succédané quelconque,
un substitut qui pour tout important qu'il soit n'en porte
pas moins dans son essence la marque de l'éphémère et
du provisoire. Il y a un déséquilibre dans ces ouvrages,
qui s'explique par l'absence de toute métaphysique, de
toute morale, de toute idée religieuse. Dieu y « est terri-
blement absent ».

D'où l'obligation de donner naissance à des esprits per-
vers et fuyants pour qui le bonheur est un état terne, un
repos banal, un sommeil sans désir. Ce monde interlope
s'est révolté contre les situations désuètes, et les calmants.
Il lui faut des voluptés et des troubles constamment renou-
velés par des excitants. Eternels bohèmes, ils font de leur
inquiétude non le moyen d'arriver à un résultat définitif
mais l'unique but de leur existence. Ils voudraient construire leur stabilité à l'aide de sensations constamment
renouvelées et trouver dans cette mobilité un sentiment de
sûreté. Ils font l'effet de fatalistes, d'indifférents avec des
sursauts d'angoisse devant les grands problèmes de la vie
et de la mort. Leur anxiété a quelque chose de très particulier; elle n'est pas constante, uniforme, elle subit de
bizarres alternances, elle a soudain des périodes de dépression et de dégoût, qui aident le moi à se perdre et le sujet
à renoncer pleinement à lui-même. Elle est, si l'on veut,
d'ordre supérieur, grande par l'intelligence et la puissance
de vie; la névrose dont elle est si souvent atteinte ne suffit

pas à expliquer cette impulsoin qui dispose la vie comme un inflexible vouloir ; il y a là un état mental, indépendant des phénomènes nerveux, à peu près comme le génie est indépendant des états névropathiques, qui le compliquent parfois. Loin d'être le signe d'un esprit abattu et impuissant, elle se rapporte à « une profonde activité intérieure et subconsciente soutenue par la puissance d'une intelligence constructive et critique et une haute énergie morale ».

Ces personnages semblent des pélerins, que l'on rencontre parfois sur les routes de Moscou, de Kiew, de Jérusalem. Peu importe les privations qu'ils auront à subir ; ils s'en vont par troupes pour calmer l'intolérable souffrance de leur être endolori par l'immobilité. Ils cheminent donc par les grands chemins et leurs voix comme de douloureux soupirs s'élèvent lentement ; leurs yeux semblent chercher au fond de l'isolement, de l'immense ciel toujours gris un objet sur lequel ils puissent distraire leur regard anxieux ; leur être s'exalte aux harmonies pensives qu'ils égrènent et pendant que leur visage se crispe aux souffles de la tempête, ils chantent et vont par théories, comme irait une armée fantôme. Devant, derrière eux, la vaste steppe retentit de leurs pâles échos. Et la nuit tombera, cette nuit pesante qui précède la blancheur de la plaine. Alors les pélerins s'arrêteront ; pour le moment l'âme est là, prisonnière, comme un aigle abîmé au fond d'un ravin, sans ciel, obstrué par quelque immense pierre.

Tel est le tableau qui obsédait et préoccupait Marcel Proust et c'est pourquoi sous son enveloppe littéraire, on découvre un esprit que le monde n'avait pas mûri, mais raffiné, une âme bizarre qui subtilisait ses sentiments, qui cherchait finesse à toutes choses, qui avait trouvé le secret de s'enivrer de ses regrets, de s'agiter dans l'inaction et de se reposer dans la fièvre. Voilà l'homme que crée l'abus de la critique et le mépris superbe de toutes les traditions.

Ce besoin de gratuité, de vérification, de recherche, de délivrance, l'auteur « d'Albertine disparue » cherche à le compléter dans le goût de l'inconnu humain, la passion du mystère, la connaissance minutieuse de l'âme. Faisant des troubles du cœur son sujet favori, non content de les embrasser d'un coup d'œil superficiel, il cherche à distinguer l'imprévisible. La nuit intérieure l'attire, il repousse toute doctrine qui impose un choix; il faut aimer; l'intensité du sentiment prime tout. L'écrivain ne doit être qu'un « savant appareil enregistreur ». L'attente devient systématique. Maître et disciples ne peuvent comprendre la nécessité de principes, qui cherchent à corriger les vues arbitraires de la nature humaine. Cette culture maladive, sensuelle, nerveuse est de la forme de cet humour paradoxal, qui confond le plaisir et la peine, le vice et la vertu. La simplicité se transforme en habileté. On laisse de côté l'étude des époques de civilisation profonde et intense. Sous de tels auspices, la littérature perd toute son humanité; elle cesse de suivre la grande tradition, elle devient un jouet folâtre aux mains d'une minorité.

L'art n'est pas l'individuel et nous nous refusons à vagabonder à travers la campagne, séduits par toutes les routes qui sont des promenades nouvelles, par toutes celles qui semblent partir vers les régions inconnues et les terres vierges.

Gérard de Catalogne.

LA LEÇON DE MARCEL PROUST

PAR

RENÉ FERNANDAT

LA LEÇON DE MARCEL PROUST

QUAND *Phèdre* parut, elle ne déplut pas à Port-Royal et le grand Arnauld osa écrire : « Il n'y a rien à reprendre au caractère de Phèdre, puisque, par ce caractère, le poète nous donne cette grande leçon que lorsqu'en punition de fautes précédentes, Dieu nous abandonne à nous-mêmes et à la perversité de notre cœur, il n'est point d'excès où nous ne puissions nous porter, même en les détestant. »

Arnauld était plus généreux que Nicole mais on peut comprendre que Phèdre lui donnât une fort belle raison de penser qu'une âme privée de la grâce est semblable à la pierre dont la chute s'accélère ou du moins à un duvet que tous les vents peuvent entraîner.

Pouvons-nous parler de l'œuvre de Proust avec la même sympathie et assimiler à Phèdre, Albertine et le baron de Charlus? Il ne faut point être trop indulgent; et si Paul

Souday a exprimé son dégoût devant certaines pages de *Albertine disparue,* nous sommes tenus au moins à autant de sévérité que ce chroniqueur dont les idées sont si hardies mais dont la pudeur est si promptement alarmée !

Mais ce n'est pas à Sodome et à Gomorrhe que nous voulons donner notre attention : toutefois il serait parfaitement injuste d'assimiler — sur ce terrain mouvant des passions bourbeuses — l'œuvre de Proust à tel roman de Gide, notamment aux *Faux-Monnayeurs.* Gide est épris du fruit défendu et il a l'amour du plaisir pimenté; l'attrait de la nouveauté dans la volupté, la recherche des sources de la joie charnelle le ramènent aux vices les plus authentiques et les plus anciens par une sorte de voie infernale; mais le malheur pour lui n'est point la perte de l'amitié divine c'est l'absence d'une certaine « grâce » humaine... Sa plus grande tentation littéraire est de découronner le mal, en le privant de sa sombre auréole, pour en faire une chose amorale, sans caractère. Il étend si loin les limites du naturel que les terres de la contre-nature (si je puis dire) il les annexe au domaine qui lui est cher... Jamais le vice n'est dénoncé par Edouard des *Faux-Monnayeurs*; il veut pouvoir nous dire que les actions les plus étonnantes se produisent le plus normalement du monde... Notre nature exige cela... Elle n'est point coupable. Elle est habituée à « l'acte gratuit ».

Proust est tout différent. Sans doute il ne peut dire comme Racine de *Phèdre* : « je n'ai point fait de tragédie où la vertu soit plus mise au jour que dans celle-ci... »; mais toutes les fois qu'il pénètre dans certains ilots mystérieux, il a peur de la vague de dégoût qui pourrait le couvrir, et prend le soin de manifester son opinion d'une manière très claire. Swann s'enquiert de la vie d'Odette avec une anxieuse sévérité et l'on sait quelles démarches tente Marcel pour connaître la vie d'Albertine après sa mort. Quand Odette

a parlé à Swann de ses erreurs sans avoir osé jurer sur
la médaille de Notre-Dame de Laghet... ces mots : « deux
ou trois fois marquèrent à vif une sorte de croix dans
son cœur. »

On dira que Marcel et Swann sont jaloux et que leur
horreur d'un certain vice est naturelle; mais il n'est pas
exagéré de prétendre que Proust, si hardi et scabreux qu'il
soit, a du mal une conception *classique*, parfaitement susceptible de rappeler les théories de Corneille et Racine sur
l'art dramatique. Corneille dans son *Premier Discours* parle
de « la naïve peinture des vices et des vertus comme d'une
chose fort utile », et dans l'Epitre qui accompagne la *Suite
du Menteur* il ajoute curieusement : « Et comme le portrait
d'une laide femme ne laisse pas d'être beau, et qu'il n'est
pas besoin d'avertir que l'original n'en est pas aimable
pour empêcher qu'on l'aime, il en est de même de notre
peinture parlante; quand le crime est bien peint, de ses
couleurs, quand les imperfections sont bien figurées, il
n'est pas besoin d'en faire voir un mauvais succès à la fin
pour avertir qu'il ne les faut pas imiter. » Et nous songeons
qu'Albertine meurt bien tristement après avoir dit dans
A l'ombre des jeunes filles qu'elle aimerait bien faire
le récit d'un accident. Quelle ironie digne de Racine!
On objectera que Proust est moins sévère pour le baron
de Charlus que pour Albertine, mais y a-t-il un personnage
qui soit raillé avec plus de constance et unisse plus aisément
le grandiose au grotesque?

*
* *

Ce que nous voulons noter ici, c'est le caractère triste
de l'amour humain dans l'œuvre de Proust et le degré
d'inquiétude que peut atteindre l'ardeur dans la passion.
Nous préférons à la peinture d'un tel amour les pages consacrées à l'expression de la piété filiale.

Et tout d'abord est-il un homme plus malheureux que Swann? « Ce pauvre Swann, dit ce soir-là Madame des Laumes à son mari, il est toujours gentil, mais il a l'air bien malheureux » *Du côté de chez Swann*. II, 116.

C'est l'aventure qui le tente lorsqu'il s'éprend de la capricieuse Odette et on sent immédiatement qu'il va au-devant des tempêtes et des angoisses. Swann a le goût du risque mais une femme vertueuse le laisserait indifférent : avec une ténacité maladive il s'acharne à capturer l'image mobile du bonheur. Voit-il qu'il y a folie à s'attacher un cœur qui est professionnellement inconstant? Quand il le comprendrait, il poursuivrait encore son irréalisable dessein. Car il juge plus noble de retenir le vent qui passe que de songer à une sympathie qui demeure. En tout homme il y a un grand fond d'égoïsme; toujours il se dit: «Pourquoi ne serais-je pas aimé, est-ce que je ne vaux pas mieux que mon prochain? » L'expérience ne sert de rien à Swann, tout le reste des hommes lui semble négligeable et ridicule, et la somme de ses désirs personnels suffit amplement à annuler toutes les conclusions générales de son esprit.

Il prend goût au jeu. Il veut apprivoiser la bête qu'il caresse. Mais pourquoi s'obtiner à retenir l'affection d'un cœur qui a des ailes comme les serments ?

Swann ressemble à un héros de tragédie qui ne vit que pour l'amour et dont tous les instants sont possédés par les exigences de sa passion; mais pareil à un Alceste qui courrait le monde, il multiplie ses tourments sans que jamais son âme connaisse une joie véritable sur quoi ne s'étende pas l'ombre du doute... Pareil à un enfant, il conserve des souvenirs auxquels il attache le plus grand prix, le chrysanthème qu'Odette a jeté dans sa voiture, le billet où il est dit : « Ma main tremble si fort en vous écrivant... » *Du côté de chez Swann*, II, p. 118. Et trop tard il reconnaît qu'une pensée utilitaire ou un pur mensonge dictaient les phrases enflammées et les gestes les moins spontanés. Swann ne veut point avoir tort, mais il y a d'étranges candeurs, des naïvetés déconcertantes au milieu des amours les plus coupables, comme si le cœur trompé se rachetait de sa faute par une pure douleur et nous prouvait innocemment quil était fait pour l'amour le plus noble.

Alceste dit qu'il aime Célimène « pour ses péchés »; on se demande par quel malheur certaines passions se développent contre toutes les lois du bon sens... à cause du seul désir d'être aimé.

C'est à ce désir si naturel que sont le plus souvent imputables tous les malheurs de l'homme, comme c'est la pitié amoureuse qui rend possibles les plus belles scènes de cruauté : on ne se défie pas d'un mouvement instinctif et qui paraît bon, mais on fuit le mal que l'on connaît raisonnablement. Swann accompagne Odette quand ils sortent tous les deux du salon Verdurin et il prépare ainsi son cœur à l'épreuve. Il ne veut pas penser qu'il lassera son amie et que les Verdurin eux-mêmes sauront susciterun Forcheville pour le persécuter... Un homme peut songer à répéter les gestes de l'adoration, mais au moment où il les accomplit, il donne à la femme qui les subit la sensation de les trouver stupides et uniformes : ses mille et un changements de costume correspondent souvent aux caprices de ses sentiments et aux travestissements de ses pensées.

Dans son inquiétude, Swann veut voir Odette surtout l'après-midi, tourmenté qu'il est par d'amers pressentiments. Et il sait bien qu'il est trompé. Mais il veut l'être... Que dire du malheureux qui dans sa folie frappe aux fenêtres d'un immeuble voisin en les voyant éclairées? Il pense à Odette qui l'idiotise.

Mais rien n'est douloureux au cœur de Swann comme les voyages d'Odette ! Elle revendique sa liberté, car elle sait bien que l'argent n'a pas le droit de l'enchaîner et qu'il n'y a aucune parité entre le don de son âme et l'offrande des bijoux les plus coûteux : certains bienfaits ont toujours un caractère odieux parce qu'ils ressemblent à un achat, et toutefois ils manifestent une inquiétude qui est un aveu d'infériorité. Aussi que de supplications laissent deviner la haine ou l'oubli qui les suivront ! L'amour ne peut être impunément détourné de sa fin et Dieu venge la nature.

Pauvre Swann qui ne peut empêcher Odette de faire une promenade absurde avec les Verdurin! Son intelligence est méprisée comme son cœur est bafoué. Il est critique d'art, il n'aura même pas la joie d'accompagner Odette ici ou là. « Penser qu'elle pourrait visiter de vrais monuments avec moi qui ai étudié l'architecture pendant dix ans et qui suis tout le temps supplié de mener à Beauvais ou à Saint-Loup-de-Naud des gens de la plus haute valeur et ne le ferais que pour elle, et qu'à la place elle va avec les dernières des brutes s'extasier devant les déjections de Louis-Philippe et devant celles de Viollet-le-Duc... » (*Du côté de chez Swann*, p. 72. II).

Voilà ce que peut faire dire la colère de Swann... Au fond Odette voulait se faire épouser, et sachant bien qu'elle ne serait jamais abandonnée et plairait toujours, sa maxime constante a été celle-ci : « On peut tout faire aux hommes qui vous aiment. ils sont si idiots. » (*A l'ombre...* I, 39).

La chose la plus étonnante est qu'Odette mariée sera enfin disposée à être reconnaissante : elle n'a plus à jouer le rôle de Marianne des *Caprices de Marianne*, elle tient enfin le poisson au bout de la ligne. Et effet prodigieux de la promesse de bonheur et de stabilité offerte par le mariage, « elle paraît devenue d'une douceur d'ange ! »

*
* *

Un amour de Swann fait parfaitement prévoir *la Prisonnière.* Les aventures sont soumises au même rythme, car les incertitudes du cœur obéissent aux mêmes tremblements de la volonté. Swann est un homme malheureux et son amour a les traits d'un désordre, d'une obéissance morne à l'arrêt d'un barbare destin. Marcel — ou le personnage qui porte son nom — n'est qu'un jeune homme sans expérience qui cède au besoin d'aimer et découvre soudain qu'une vie qui suit les détours d'une passion forte est au carrefour de tous les tourments. Marcel est plus nerveux que Swann, plus impatient, plus violemment épris du bonheur... Il a plus d'orgueil ou plus de fierté...

L'expérience de Gilberte lui a servi quand il s'éprend d'Albertine, au point de vouloir vivre avec elle. Il sait maintenant que Gilberte ne lui était pas fidèle, même quand il la voyait quotidiennement. Il se rappelle les jours affreux qu'il passait à attendre une lettre qui n'arrivait point, il voit que nul amour n'est pour une femme l'équivalent d'un plaisir mondain, et que sa propre liberté lui plaît plus que l'asservissement de l'homme. Le temps est passé où il jouait avec Gilberte aux Champs-Elysées, mais il se souvient des soirées où l'inquiétude causée par une absence imprévue lui enlevait tout espoir de bonheur.

Peu d'hommes auront autant souffert que Proust de la torture de l'attente indéfinie et du vide d'une absence... C'est là un thème sans cesse repris dans son œuvre et qui permet de faire allusion à un temps subjectif, formé d'éléments hétérogènes, qu'a trop connu le malheureux Marcel. Certaines heures ont à ses yeux duré des siècles. Se regardant sans cesse vivre pour s'analyser, attendant de minute en minute la joie qui allait combler sa vie et modifier sa destinée, Proust a donné aux instants isolés une importance invraisemblable : vides, en apparence, ils devenaient cependant des événements, gonflés qu'ils étaient des semences de l'attente.

Une émotion qui dure est un fait psychologique dont le retentissement est souvent extraordinaire : elle permet à un homme d'avoir, pour ainsi dire, le souvenir du présent, au point que nulle pensée, nulle songerie, ne s'enfoncent plus dans le passé, mais restent toujours à fleur de mémoire; l'âme qui déplore une absence est si riche d'émotions et de vie qu'elle accroît incessamment son trésor de faits psychologiques et leur interdit de s'agréger à une masse inerte : elle les malaxe comme une pâte toujours accrue qui gonfle, se boursoufle et éclate. Alors le passé, le présent et l'avenir « sont frères » et semblent former le même bloc pesant : tous les souvenirs affluent à la fois, ils se confondent avec le présent et lui apportent avec eux espoirs ou craintes; ils empoisonnent l'avenir qui est déjà saisi, happé par les griffes du pressentiment. Ah ! comme Proust a eu raison d'intituler ses livres : « *A la recherche du temps perdu.* » Nul plus que lui ne s'est mis en quête des instants et n'a fait un appel plus constant aux images du passé.

Il y a chez lui, fort souvent, fusion du rêve éveillé et du songe... Cet homme qui ne dort pas, rêve. imagine, redoute surtout. Les images qu'il se forme de l'avenir se heurtent aux fantômes émanant du passé, et si l'on admet que le rêve éveillé ne fait que construire l'*avenir* comme l'architecte de nos appréhensions ou de nos espérances, tandis que le *passé* ressemble à un mort qui voudrait ressusciter en nous présentant mille différents visages, il subsiste que chez Proust l'intensité de la vie psychologique est due fort rarement à des objets étrangers à son âme : c'est le plus passionné et le plus douloureux des prospecteurs, mais le « torrent des faits de conscience » le submerge.

Et nous n'écririons pas cela, si Proust n'avait souffert de ne pouvoir tolérer l'absence de Gilberte d'abord, et plus tard, d'Albertine. La jalousie est l'élément animateur de ses courbes psychologiques.

*
* *

Nous ne dirons pas pourquoi les soupçons de Marcel sont affreusement légitimes, et au lieu de plaindre son sort tout uniment, il faut affirmer que le malheureux Marcel s'engageait dans la voie la plus cruelle en se liant avec Albertine — ou le personnage qui le figure : il était, dans son naturel maladif de ne connaître que les affections passionnées et d'éprouver un incessant besoin de tendresse. Quand il se réconciliait avec la vie, après avoir passé par les affres du désespoir, il montait d'un ton toutes ses amitiés, et les craintes sentimentales qui pouvaient le mettre à la torture n'ont été calmées par lui que par des consolations dont l'intensité fût équivalente . Il vivait normalement dans une atmosphère d'orages, trop inquiet de nourrir son cœur d'émotions fortes. Mais il ne croyait point se trouver au sein de la zone à éclairs ; ou du moins, nulle dépression, jusqu'au jour où Albertine disparut, ne le laissa sans espoir de relèvement.

Tous les traits du « sœvus amor », de la passion la plus suppliante, se retrouvent dans l'amour de Marcel pour Albertine... Swann finit par épouser Odette ; mais Albertine qui est une fiancée prisonnière, une sorte de Monime française, n'épouse point le jeune Mithridate qui la tyrannise un peu cruellement. Toujours se dressent le spectre de Léa, l'image de Mlle Vinteuil, ou celle d'Andrée... Combien sont pénibles les démarches faites par Françoise pour ramener Albertine du Trocadéro !... Gentiment, celle-ci obéit une fois au caprice d'un malade. Mais comment subirait-elle tous les interrogatoires que lui pose le plus terrible des juges d'instruction ? Marcel se plaint de ses mensonges et subterfuges, mais c'est lui qui l'oblige à mentir et à inventer des fables... Ainsi le voyage à Balbec, si doux autrefois pour Marcel, devient l'occasion de la plus noire enquête ; et les Verdurin sont fatals à Odette et à l'amie de Marcelle pour des raisons différentes. De fait, le salon des Verdurin porte malheur : Charlus s'y compromet à fond... et la sonate de Vinteuil d'abord enchanteresse y semble à la fin une marche funèbre. Marcel déteste cet étrange salon bien plus que ne le faisait Swann, et Albertine reçoit défense d'y aller, justement à cause de Mlle Vinteuil.... Il y a des ironies dans Proust comme dans Racine, et surtout le malheur ou le désespoir y naissent d'une attente exagérée ou d'une immense illusion.

Tout peut naître ici-bas d'une attente infinie...

Tout, même le malheur et la mort.

L'idolâtrie est le grand péché moderne, et le devoir strict est oublié. Mais l'homme ignore qu'en saturant de tendresses une créature qui ne l'aime pas ou l'aime mal, il crée en elle un besoin de caresses qui sera satisfait par son propre ennemi. Albertine prisonnière développe sa sensibilité d'abord parallèlement à celle de Marcelle... Il semble qu'il y ait entre eux une affection réciproque... Mais bientôt le besoin d'aimer est trop impérieux chez Albertine pour qu'il ne s'avère pas semblable à une lumière dont les rayons sont fort divergents. Marcel s'obstine à n'aimer qu'Albertine. Celle-ci est au carrefour des affections. Elle tend, en principe, assez peu, à fixer son cœur. Et ainsi le flambeau que Marcel avait allumé lui échappe des mains, ou plutôt il s'envole de lui-même comme un cœur ardent, qu'on ne saurait retenir et qui aurait des ailes, pour s'en aller vers les lieux les plus distants, tout résigné à en laisser traîner une pointe dans les bas-fonds. Marcel veut soumettre Alber-

tine, en faire une esclave : il lui a simplement donné l'idée
de l'imiter.... Sa passivité s'est lassée.

Certes l'absence est cruelle au cœur de Marcel. Et personne n'a dépeint mieux que lui les tortures qu'elle apporte
et qui sont continuellement renouvelées par la vision d'un
objet familier susceptible d'évoquer tout le relatif que
peut représenter un bonheur perdu, si vite apparenté à
une joie absolue.

Il est des meubles qu'on ne voudrait plus revoir, des
sièges que l'on détruirait à la mort de ses parents... sur un
bûcher aussi haut que celui de Crésus, et on ne serait
riche que de souvenirs.

Je me souviens du temps où je revenais au collège. La
vision du paquet de choses dormantes que m'avait laissé
ma mère me faisait atrocement souffrir : il y avait là, dans
mon bureau, ployées dans des papiers blancs distincts, des
sucreries, des cravates, des photos, que sais-je? Pendant
plusieurs jours, je ne touchai pas au paquet, comme s'il
eût dû me bruler. Mais je pleurais en le regardant et ses
chers riens passaient devant mes yeux. A la fin, une fade
résignation s'abattant sur moi, je faisais sauter la ficelle
et je mangeais mes gâteaux devenus secs qui avaient
cependant reçu tant de larmes. J'avais l'impression d'être
écartelé. Aujourd'hui, je comprends Proust.

Quand Albertine est disparue, il a une sensation de
vertige. Il se voit sur le faîte du plus grand amour, de la
passion la plus haute, et devant lui il a l'abîme. S'avancer
vers la vie c'est pour lui courir à la mort. Petit à petit il
redescend les pentes de la montagne, puisqu'il n'est point
mort sur le coup. Il souffre, mais il s'éloigne de l'extrême
douleur et de son amour. Il connaît les replats rocheux où
la lumière de l'évidence baigne les regards, puis le voilà
dans la prairie déclive et sur les sentiers de l'oubli dans le
bois noir. Tout d'abord il redoutait de vivre sans Albertine;

puis scientifiquement, graduellement il tue son souvenir
en se prouvant, grâce à d'ignobles enquêtes, qu'Albertine
n'était point digne d'être aimée. Il ne voudrait plus vivre
avec elle, même si elle vivait. Voilà l'invention de son cruel
amour : il ne déplore pas longtemps le sort d'Albertine, il ne
pleure point sur les douleurs qu'elle subit en mourant, ni sur
les bonheurs auxquels elle fut contrainte de dire adieu. Marcel devant le cadavre d'Albertine ne songe qu'à lui-même
et il paraît même un peu odieux, ce grand enfant égoïste
qui fait pleurer sa mère à Venise, pendant qu'il lui laisse
croire qu'il ne reviendra point.

*
* *

Ce Marcel si désespérément attaché à l'amour, au fond,
a une nature féminine ; il a beau être tyrannique et maus-
sade, jaloux et cruel inconsciemment, ce n'est pas à Adolphe
qu'il ressemble, ni à Léonce de Mondoville, c'est à Ellénore :
son besoin d'aimer et surtout d'être aimé le met constamment dans un état d'infériorité par rapport à Albertine.
C'est lui qui paraît jouir d'une protection bienfaisante, quelle
que soit l'ampleur de ses bienfaits présents, sa peur de
déplaire le rend follement généreux ; il n'y a pas de dépense
qui l'effraie parce que tout l'épouvante, et qu'il se fuit
lui-même... Il quête la sympathie et il supplie qu'on l'aime.
Quel homme a jamais autant vécu par le cœur ! Féminin
en cela, il ne l'est pas moins par son faible pour les beaux
costumes, sa curiosité quant à la mode féminine. Il aurait
pu collaborer à un journal de modes mieux que Mallarmé.
Les préséances le préoccupent, et jamais l'ancienneté
d'un nom ne lui fut indifférente.

Peut-on dire qu'il resta un enfant gâté toute sa vie?
Oui et non. Maladif, habitué à respirer l'inquiétude
et à vivre dans une atmosphère aux parfums pharmaceu-

tiques, il ne pouvait connaître qu'une activité d'ordre littéraire. Son cerveau et son cœur étaient en relation trop constante mais l'enfant qu'il dut être — et qu'il resta — nous le devinons quand il parle de sa mère et de sa grand'mère. Le premier volume de Swann où il a écrit tant de pages ironiques dignes d'un fils de grand seigneur, né moqueur, contient aussi le chapitre le plus tendre qui soit sur le baiser maternel. Que dire de cet enfant qui pleure si sa mère ne l'a point embrassé avant de l'envoyer dans sa chambre? Il passa toute son existence dans la hantise de ce baiser! Toute sa vie il chercha des équivalences...

S'il en eût été privé, on ne peut dire que sa sensibilité morbide ne se fût point développée... Il était né trop fragile. Rien ne le révèle mieux que l'histoire de l'églantier dont il baisait les roses, et à qui il parlait amoureusement. C'est le plus grand signe de la détresse morale, la plus terrible marque d'une mélancolie inspirée par la solitude, que de chercher des confidents dans la nature, dès l'âge le plus tendre.

Ce que l'on relira dans Proust, plus que des pages infiniment pénibles, c'est le récit des circonstances qui entourèrent la mort de sa grand'mère.

Le côté de Guermantes nous sera cher à cause de cela. L'amour — dévouement, celui qui obéit à un devoir d'essence chrétienne, à une inspiration naturelle sublimée, voulue par la nature et par Dieu, c'est la bonne grand-mère qui le représente. Quelle immense inquiétude apitoyée il révèle... Une grand-mère, c'est une vie qui s'en va, en n'espérant plus d'être aimée et en acceptant l'oubli... Les grands-mères redeviennent mamans en chérissant démesurément leurs petits-enfants, et ces jeunes tyrans sont mus par une mystérieuse pitié devant leurs visages d'imploration beaux comme des étoffes fanées. Elles ont peur d'inspirer à l'enfant une vague répulsion :

elles en sont adorées. Ah ! La tragique mort que celle de la grand-mère de Proust ! Une telle scène s'éclaire d'une ironie supérieure et des touches de lumière s'y révèlent impitoyables ! La pauvre femme souffre et sa face ravagée est terrible et méconnaissable : par un contraste effrayant Dieulafoy est solennel et Françoise cruelle comme un bourreau en présentant une glace à la mourante pour lui montrer ses cheveux... Marcel voit tout. il est résigné, ému sans doute, mais dans son âme monte rayonnante l'image d'Albertine.

Pour ma part, je déplore au plus haut point ici que Dieu soit absent de l'œuvre de Proust ! Telle quelle, la mort de la bonne grand-mère est émouvante, mais cruelle ! C'est justement, l'idée religieuse, la vision apaisante du crucifix, l'absolution du prêtre qui eussent fait descendre du ciel un apaisement, une clarté, capables de dissiper les ombres de l'égoïsme et l'horreur du trépas.

Nous aimerons la grand-mère de Proust (comme celles de Duhamel et de Boylesve) en pardonnant à Marcel bien des fautes. La douce femme adorait Madame de Sévigné à qui elle ressemblait tant, elle devinait que son petit-fils était une charmante image de sa jeunesse, elle pouvait le chérir follement. Quand vous voyez qu'une âme à un culte pour Madame de Sévigné, soyez sûrs qu'elle n'est pas complètement heureuse et qu'elle regrette une Grignan.

Madame de Sévigné a donné à sa fille toutes les caresses qu'elle n'avait pas reçues de sa mère et qui lui manquèrent toute sa vie. Elle avait toujours un arriéré de tendresses à solder. Que fut l'enfance de la bonne grand-mère? Nous ne le savons. On dira que Proust fut un auteur scabreux, un enfant malade dirons-nous, et qui avait du génie. Sa vie fut d'abord pareille à celle d'un personnage de Corneille qui idolâtra les siens et ne vécut que pour sa famille: en vieillissant Proust devint pareil à une héroïne de Racine, beaucoup trop curieuse des passions. Puis s'avisant qu'il avait perdu le temps, il le retrouva en écrivant les mémoires de son cœur comme un La Rochefoucauld désabusé dont le Ritz était l'étrange et profane Port-Royal. Nous souhaitons que Dieu ait eu pitié de lui.

René Fernandat.

NOTE SUR
“ LES PLAISIRS ET LES JOURS ”

PAR

BENJAMIN CRÉMIEUX

NOTE SUR

" LES PLAISIR ET LES JOURS "

Tout le monde est aujourd'hui d'accord pour découvrir à l'état naissant dans les *Plaisirs et les Jours*, écrits entre 1891 et 1895, la plupart des thèmes, que Proust devait reprendre et développer à partir de 1908 dans son grand ouvrage. Dans *l'Hommage à Marcel Proust* publié au lendemain de sa mort par la *Nouvelle Revue française*, André Gide s'est complu précisément à dénombrer ces thèmes, « frais boutons » des « larges fleurs » futures. « Oui, dit Gide, tout ce que nous admirons dans *Swann* et dans *Guermantes* se trouve ici déjà, subtilement et comme insidieusement proposé : attente enfantine du bonsoir maternel; intermittence du souvenir, émoussement du regret, puissance évocatrice des noms de lieux, troubles de la jalousie, persuasion des paysages — et même les dîners Verdurin, le snobisme des convives, l'épaisse vanité des propos — le besoin de comparer « avec désespoir » à « l'absolue perfection » de son rêve ou de son souvenir « la perfection imparfaite » de la réalité. »

On pourrait ajouter encore à cette énumération. Le thème de l'habitude, si important dans la psychologie proustienne, ceux de la maladie, du rêve, du vice, de Sodome et de Gomorrhe ont déjà leur place dans les *Plaisirs et les Jours* et combien d'épisodes aussi s'y trouvent amorcés : la description des aubépines de Méséglise (« Un chemin d'aubépines bien connu jadis... » p .238); le refus de Madame Verdurin dans une de ses soirées de penser à la mort d'un de ses amis (« la femme du docteur S..., émue en se représentant la fin misérable et l'abandon de C..., défendait par hygiène à elle-même et à ses enfants aussi bien de penser à des événements tristes que d'assister à des enterrements. » p. 261); la petite phrase de la sonate de Vinteuil qui sera pour Swann l'écho même de son amour pour Odette (« Une phrase des *Maîtres Chanteurs* entendue à la soirée de la princesse d'A... avait le don de lui évoquer M. de Laléande avec le plus de précision (*Dem Vogel der heut sang dem war der Schnabel hold gewachsen*). Elle en avait faite sans le vouloir le véritable *leitmotive* de M. de Laléande, et, l'entendant un jour à Trouville, dans un concert, elle fondit en larmes. » p. 126). Et pour la première fois également, Proust s'exerce publiquement au pastiche dans *Mondanité et mélomanie de Bouvard et Pécuchet* .(pp. 99 et suiv.).

A vrai dire, ces préfigurations d'*A la Recherche du temps perdu* ne dépasseraient pas un niveau moyen d'intérêt si elles se bornaient à prouver à la fois la précocité de Proust et l'unité de son œuvre. Il est rare en effet qu'on ne retrouve pas dans les livres de jeunesse d'un auteur une ébauche plus ou moins grossière, plus ou moins poussée des ouvrages de sa maturité. Mais il est permis de chercher autre chose dans les *Plaisirs et les Jours*. Si quelques-unes de ces pages, précise Proust dans sa dédicace à Willie Heath, ont été écrites à vingt-trois ans, bien d'autres — Violante, presque tous les fragments de la Comédie Italienne, etc... — datent de ma vingtième année. Toutes ne sont que la vaine écume d'une vie agitée, mais qui maintenant se calme. » (p. 15)

A qui interroge ces feuillets épars et disparates en songeant à cette définition : « vaine écume d'une vie agitée » ils ne tardent pas à apparaître comme un véritable journal, où Proust déposait à chaque nouvelle secousse, à chaque nouvelle découverte, à chaque nouvelle désillusion, le résultat de son expérience. La valeur autobiographique des *Plaisirs et des Jours* est incommensurable : mieux encore que dans sa correspondance, nous découvrons les préférences musicales, picturales de sa vingtième année, le genre de paysages qu'il aime entre tous, le récit de ses tentatives amoureuses, enfin et surtout une prise de conscience de lui-même, de lui-même malade et que sa maladie rejette en marge de la vie active.

A la recherche du temps perdu nous livrera Proust sûr de ce qu'il pense, sûr de ce qu'il est, solidement établi dans son idée des hommes et de la vie. Et cette domination absolue de la matière humaine lui donnera cette ironie supérieure, cet humour profond qu'on voit chez les plus grands, un Gœthe, un Meredith. Mais dans *les Plaisirs et les Jours*, il lutte encore pour se trouver, il n'est pas résigné complètement à être ce qu'il est, il tente d'être autre chose. Il nous fait assister à son débat le plus intime, le plus tragique et bien qu'il ne parle pas à la première personne, qu'il prenne au contraire la précaution de transposer et le plus souvent, pour mieux dérouter le lecteur, de changer de sexe en attribuant ses tourments ou ses perplexités à une héroïne — Violante, Françoise de Breyves, la jeune fille de la *Confession d'une jeune fille* — c'est à de véritables confessions qu'il nous convie. Il n'y a, en effet, aucune

marge de temps entre le moment où il a éprouvé et celui
où il écrit. Plus que « l'écume d'une vie agitée », ce sont des
lambeaux saignants de son existence qu'il nous livre et
qu'il examine devant nous. De cet examen, il tire aussitôt
des conclusions; l'ensemble de ces conclusions, systématisé
par lui, formera la *Weltanschauung*, la vision du monde
qui est à la base de la *Recherche du temps perdu.*

Il serait à cet égard bien curieux, si le manuscrit original
des *Plaisirs et des Jours* a été conservé et surtout si les
divers morceaux en sont datés avec précision, de suivre
l'évolution sentimentale de Proust, la lente et douloureuse
conquête par lui de ses thèmes désabusés et pessimistes.
Dans le premier *Fragment de Comédie italienne*, par exemple,
intitulé les *Maîtresses de Fabrice* et qui est certainement
un des premiers écrits, à vingt ans, peut-être même à dix-
huit, l'amour, cet amour global, nouménal, dirait-on
presque, qui est celui des héros de Racine ou de Marivaux, de
Hugo et de Musset, n'est pas encore nié, dissocié par lui
et il écrit sans hésiter : « Elle ne prit point la peine de faire
pour lui ce qu'avaient fait les deux autres : l'aimer. » (p. 6)

Violante, qui date de 1892, admet encore l'existence de
l'amour, mais déjà l'analyse : « Violante fut amoureuse,
c'est-à-dire qu'un jeune Anglais qui s'appelait Laurence
fut pendant plusieurs mois l'objet de ses pensées les plus
insignifiantes, le but de ses plus importantes actions. »
Et un peu plus loin : « L'amour platonique est peu de chose
Nous verrons qu'elle put considérer un peu plus tard que
l'amour sensuel était moins encore. »

Dans la *Mélancolique Villégiature de Madame de Breyves*,
le caractère purement imaginatif de l'amour, la non-coïn-
cidence de l'être aimé et de l'être réel auquel on donne son
cœur, l'irréalité par conséquent de l'être aimé sont déjà
nettement aperçus et affirmés. Mais Proust croit encore
à une correspondance entre l'amoureux et l'être qu'il aime,

à une « essence particulière et mystérieuse, si unique, que jamais une personne humaine n'aura son double exact dans l'infini des mondes ni dans l'éternité du temps. » En d'autres termes, si Françoise de Breyves aime M. de Laléande absent, tout médiocre qu'il soit, elle l'aimerait aussi présent; du moins pendant un certain temps.

Dans *Regrets et Rêveries, VI* (pp. 185 et suiv.), Proust prononce le divorce irrémédiable entre l'imagination et la vie, entre l'être qu'on aime en l'imaginant, et cet être même dès qu'on prend réellement contact avec lui. Un petit garçon amoureux d'une petite fille se jette par la fenêtre après un entretien avec elle. Pourquoi? C'est « qu'il éprouvait une déception chaque fois qu'il voyait la souveraine de ses rêves; mais dès qu'elle était partie, son imagination féconde rendait tout son pouvoir à la petite fille absente, et il recommençait à désirer la voir. Chaque fois il essayait de trouver dans l'imperfection des circonstances la raison accidentelle de sa déception. »

Et Proust prend prétexte de cette anecdote pour théoriser : « L'ambition enivre plus que la gloire; le désir fleurit, la possession flétrit toutes choses; il vaut mieux rêver sa vie que la vivre, encore que la vivre ce soit encore la rêver, mais moins mystérieusement et moins clairement à la fois, d'un rêve obscur et lourd, semblable au rêve épars dans la faible conscience des bêtes qui ruminent. »

Remarquons-le, ces considérations générales débordent l'amour et s'appliquent à l'ensemble même de la vie. Elles conseillent le renoncement à l'action, le recours au rêve. Mais on se tromperait en y voyant une paraphrase du romantisme baudelairien (« *Un monde où l'action n'est pas la sœur du rêve* »). Rien de moins littéraire, rien de plus vécu, de plus spontané, de plus autobiographique que cette généralisation. Elle est une conséquence directe de l'état maladif qui rend plus sensible à Proust qu'à aucun autre la rudesse de l'existence et aussi de son manque natif de volonté active, de son inadaptation à la lutte pour la vie. Une conséquence directe et plus encore une revanche. « La vie, écrit-il dans sa dédicace à William Heath, parlant ouvertement en son nom personnel, la vie est chose dure qui serre de trop près, perpétuellement nous fait mal à l'âme. A sentir ses liens un moment se relâcher, on peut éprouver de clairvoyantes douceurs. » Nous voyons déjà de quelle sorte est le rêve chéri par Proust, c'est un rêve « clairvoyant » par opposition au « rêve obscur et lourd » de ceux qui agissent, c'est proprement l'analyse, l'exercice acéré de l'intelligence. On s'étonne que certains critiques aient pu accuser Proust de « s'allier à la sensation sans réserver les droits de l'intelligence » et de « se condamner à ne point sortir des vérités momentanées et fragmentaires de la sensation. » Le propre de Proust, c'est au contraire de ne jamais se fondre dans la sensation, de la regarder du dehors, d'analyser sa genèse, son évolution, son aboutissement, bref de faire strictement à son propos œuvre intellectuelle. Découragé de son incapacité à vivre, il en vient à se retirer en marge de la vie et à la reconstituer en lui. « Je compris, dit-il, que jamais Noë ne put si bien voir le monde que de l'arche, malgré qu'elle fût close et qu'il fît nuit sur la terre. »

Le miracle proustien, étant donné cette méthode, c'est précisément de nous avoir donné dans *la Recherche du temps perdu*, non pas de la « vie reconstituée », au sens où l'on parle de « pierres reconstituées », c'est-à-dire fausses, mais de la vie vivante, bien que systématisée.

Il y a donc, on le voit, une relation étroite entre les théories de Proust sur l'amour, issues de ses idées générales sur la vie, elles-mêmes issues de son état maladif, de son aboulie, de son incapacité à l'action. Nous tenons là les deux bouts de la chaîne.

Mais cette chaîne n'a pas été forgée sans souffrances, sans rébellion. L'élément tragique des *Plaisirs et les Jours*, c'est la lutte que Proust soutient pour ne pas s'accepter, pour se transformer, pour se rendre semblable aux autres. C'est en désespoir de cause qu'il en viendra à se vouloir tel qu'il est, à justifier sa façon d'être, à la glorifier, à affirmer sa supériorité sur toutes les autres, à montrer que toute autre idée de la vie est illusoire.

Rien de plus curieux que de voir de page en page s'opérer cette lente acceptation de lui-même par Proust, le glissement continu du point de vue moral au point de vue psychologique, A l'origine nous trouvons cette formule de vie : « vivre pour valoir et mériter. » Au point d'arrivée : « l'immoralité chez des êtres d'une conscience délicate, ... trop faible pour vouloir le bien. » Au point de départ, cette affirmation : « On ne trouve le bonheur qu'à faire ce qu'on aime avec les tendances profondes de son âme. » Au point d'arrivée la mondanité la plus vide, la plus vaine. Et dans l'entre-deux, l'habitude, la terrible ennemie de la volonté, qui vous empêche de vous sauver, qui « tue votre âme » : « Les besoins profonds d'imaginer, de créer, de vivre seule et par la pensée, et aussi de se dévouer, tout en la faisant souffrir de ce qu'ils n'étaient pas contentés, tout en l'empêchant de trouver dans le monde l'ombre même d'une joie s'étaient trop émoussés, n'étaient plus assez impérieux pour la faire changer de vie, pour la forcer à renoncer au monde et à réaliser sa véritable destinée. »

Phrase terrible si on l'applique aux vingt ans de Proust et qui traduit sa désolation, le drame de son impuissance à fuir le monde et le plaisir. Le plaisir qui prend la forme du vice : si l'on ose voir dans la *Confession d'une jeune fille*, la méditation autobiographique qui s'y cache sans aucun doute, on mesurera encore mieux cette lutte désespérée contre lui-même où Proust se sent vaincu d'avance et toutes les allusions à la tendresse et au déchirement maternels prennent là toute leur valeur tragique.

Il faut voir quelles ressources d'intelligence, quelle souple duplicité Proust met en jeu pour se justifier à ses propres yeux. Voici par exemple une justification du vice : « La vie est étrangement facile et douce avec certaines personnes d'une grande distinction naturelle, spirituelle, affectueuse, mais qui sont capables de tous les vices, encore qu'elles n'en exercent aucun, publiquement et qu'on n'en puisse affirmer d'elles un seul. Elles ont quelque chose de souple et de secret. Puis leur perversité donne du piquant aux occupations les plus innocentes, comme se promener la nuit, dans les jardins. » Et dans cette adresse à une snob, n'y a-t-il pas en dépit de l'ironie, une justification partielle de sa propre mondanité : « La figure de vos nouveaux amis s'accompagne dans votre imagination d'une longue suite de portraits d'aïeux... Votre rêve solidarise le présent au passé. L'âme des croisades anime pour vous de banales figures contemporaines, etc... »

C'est à lui-même encore qu'il adresse cette exhortation, qui nous le montre renonçant à lutter pour vivre : « Pourquoi surtout vous acharner à vouloir jouir du présent, pleurer de n'y pas réussir? Homme d'imagination, vous ne pouvez jouir que par le regret ou dans l'attente, c'est-à-dire du passé ou de l'avenir. » Une des définitions les plus tentantes de Proust est celle-ci : « l'homme pour qui le présent n'existe pas. » Autrement dit : qui est retranché de la vie active. On imagine ce qu'il a pu souffrir de cette exclusion jusqu'au jour où il a été sûr que sa façon à lui de « valoir et mériter », c'était d'écrire, de retrouver le temps perdu.

Ce thème de l'hostilité au présent, qui est implicite dans toute la *Recherche du temps perdu*, n'y revêt pas de formes aussi nettes que dans les *Plaisirs et les Jours*, il n'en est pas moins avec celui de l'habitude, le plus important du système de Proust : « A peine une heure à venir nous devient-elle le présent qu'elle se dépouille de ses charmes. » — « Loin de soupçonner dans l'essence même du présent une imperfection incurable, nous accusons la malignité des circonstances particulières... d'avoir empoisonné notre bonheur. »

Mais avant d'aboutir à toutes ces certitudes, que d'hésitations, que de combats, avant de trouver le calme, que d'inquiétudes et de remords, dont la *Confession d'une jeune fille* est le plus probant témoignage. Le trouble où se débat encore Proust dans les *Plaisirs et les Jours* se marque par les sanctions terribles dont il conclut chacun de ses récits. Presque toujours le héros ou l'héroïne meurent après avoir porté leur coupable passion au paroxysme. Le vice est châtié, le renoncement à soi-même ne l'est pas moins.

On pourrait mener beaucoup plus loin l'analyse des *Plaisirs et des Jours* considérés comme matière autobiographique, mais l'accumulation des détails n'ajouterait rien, croyons-nous, à l'essentiel de la conclusion à en tirer. Si l'on admet (et il semble bien difficile de ne pas l'admettre) que les *Plaisirs et les Jours* sont des confessions à peine déguisées, il faut en conclure que « le merveilleux esprit d'observation » de Proust dont parle dans sa *Préface* Anatole France n'est ni à l'origine des *Plaisirs*, ni par conséquent à celle d'*A la Recherche du temps perdu*. Et c'est dans cette démonstration que réside avant tout l'importance des *Plaisirs*. A l'origine non seulement de « Marcel » et de Swann, mais encore à l'origine de Charlus, de Madame Verdurin, en somme de tous les personnages centraux du livre, de tous ceux qui ne sont pas reflets ou « plastrons » (comme Odette, la duchesse de Guermantes, Albertine), il y a Proust. Tous ses personnages sont issus de lui par scissiparité et c'est seulement ensuite qu'il les a enrichis de traits empruntés à d'autres. A l'origine d'*A la Recherche du temps perdu*, il y a non pas des individus, mais des sentiments que Proust a réussi à animer, à personnifier. C'est là ce qui oblige à reconnaître en Proust un véritable créateur dans le sens le plus authentique du mot : il ne copie pas ses personnages, il n'a pas besoin de modèles, il trouve ses héros au fond de lui par introspection, il les pétrit d'abord de sa propre substance.

BENJAMIN CRÉMIEUX.

MARCEL PROUST
OU L'ISOLEMENT DE L'AME

PAR

PIERRE GODMÉ

MARCEL PROUST

OU L'ISOLEMENT DE L'AME

Cocteau appliquait à Barrès le mot de Nietzsche. Pourquoi ne pas l'épingler sur ce dessin de Proust ? Il y a tant de ressemblances entre leurs ombres, jusqu'à ces regards pareils et tristes qui faisaient confondre leurs portraits par un enfant devant moi. La naïveté de l'enfance ne ment pas.

Le tourment de Barrès ronge Proust. Ils sont à peu près de la même époque et il leur a fallu pour vivre s'évader de Renan et se garder de France. Il leur a fallu prendre et enseigner des attitudes. « Maîtres d'attitudes » ils le sont, jusqu'aux gants de l'âme !.. De ces attitudes divines et hautes qui dégagent un charme infini. On sent passer le discret frisson de l'âme sous le front blanc.

Pourquoi donc le taire ici, Proust est, comme Barrès, un « génie » victime du monde moderne. Un monde sain sans doute aurait pu guérir son mal. Un monde mauvais l'a nourri. Et l'œuvre se ressent toujours des blessures de l'âme. Les héros d'un romancier sont ses fils jusque dans les tares de son esprit. Impossible de ne pas les reconnaître, il n'y a pas en littérature de paternité naturelle !

Ainsi de Proust, victime de génie, mais victime.

En lui se développent les germes les plus secrets apportés par l'esprit protestant dans le monde de l'art. Il a goûté ce fruit mauvais de la Réforme que Belloc dénonçait naguère : l'isolement de l'âme. Juif par sa mère, catholique par son père il est protestant par l'esprit de son époque, l'époque du modernisme en psychologie religieuse. Peut-être faut-il chercher là la cause profonde du déséquilibre proustien?..

Cet esprit d'analyse, qui, de parti-pris, rejette toute contrainte et refuse tout sacrifice n'est-il pas imprégné du libre-arbitre de la Réforme?.. Proust s'enfonce dans le désespoir muet à mesure qu'il s'enfonce en lui-même. Nul n'est moins métaphysicien, nul ne méconnaît plus tranquillement qu'il y a, comme dit Bergson, « une métaphysique naturelle de l'intelligence humaine ». Et cependant ! Qui donc est plus uniquement humain que lui?.. D'où ces désirs, ces tendances vers l'absolu que ne peut étouffer le repliement de son âme.

Cette attitude de retraite volontaire force littéralement Marcel Proust à se créer un univers propre, une sorte d'*absolu personnel* dont il sent trop bien à certaines heures la complète relativité, pour pouvoir être satisfait.

Impossibilité, inaptitude à se briser. D'où déchirements intérieurs. Car la jubilation veut la souffrance préalable, c'est là le lot de l'âme humaine. La plus grande joie est la sortie de la plus grande souffrance. L'allégresse ne subsiste que par la Croix !

De là vient qu'à aucun moment il ne goûte, ni ne communique la sérénité. Chez ses héros, comme chez lui on sent parfois courir le frisson de la chair, le frisson du cœur, voire même le frisson allègre de l'intelligence délivrée, jamais le frisson unique de l'être entier.

Car malgré l'extrême finesse de ses analyses, malgré la délicate pénétration des nuances, du point de vue psychologique, ils s'agitent un peu dans le chaos. Rien ne les retient à la vie. Ce sont des isolés qui vont farouchement en marge. Leur mondanité ne les intègre pas au monde. Ils ne sont ni du monde, ni de Dieu. Rien qui les unisse et qui puisse faire croire à la réalité de leur commerce. Ils n'ont d'autre support que le moi, ils ont perdu « le juste équilibre de l'âme, produit par une expérience commune ». Ce sont des malades — malades des sens ou de l'âme. Des nerveux qui ne commandent pas, qui ne conduisent pas, qui sont conduits par leurs instincts.

Aussi paraissent-ils provenir chacun d'une race différente, même lorsque comme Odette et sa fille, ils ne sont pas loin l'un de l'autre, même lorsqu'ils ne diffèrent que d'un ton.

C'est ce qui fait que dans l'interminable série de ses livres on trouve un fourmillement d'analyses et très peu de caractères.

Certes, on ne peut guère nier — sur ce point M. Benjamin Crémieux a raison — que des silhouettes comme celles de Swann, d'Odette, de Bergotte ou de Mme de Guermantes s'imposent à l'esprit. Mais le caractère est, chez Proust, formé par additions, par apports successifs. Peut-être obtient-il ainsi une plus grande *illusion* de vie ; est-ce bien la vie ?..

La multiplicité des analyses n'empêche pas, en effet, certains personnages de Proust d'être à « sens unique ». M. de Norpois n'est que bourgeois, Françoise que paysanne, Elstir n'est guère que peintre.

Chacun s'enfonce avec frénésie dans le sens de la flèche que Proust a mise là pour diriger sa vie. Et cette flèche, montée sur une girouette mobile, est presque toujours fixée par le vent des instincts qui ne change pas.

Cet abandon, cet isolement de l'âme, détermine alors, chez Proust, un furieux débordement d'énergie, comme « la rupture de l'équilibre d'un système libère une prodigieuse réserve de forces latentes qui, cessant de maintenir la cohésion de l'ensemble, en disperse avec violence les fragments épars ».

Ce que Hilaire Belloc disait du monde social, s'applique ici au monde des âmes.

Le système qui s'est rompu chez Proust c'est le système, disons plutôt la conscience catholique. L'explosion est spirituelle. Le cœur éclate chez presque tous les héros proustiens. Chez ce « classique » presque pas un personnage qui soit équilibré, pas même Swann.

Mais, comme dans toute explosion, il y a brisure ! Le feu ne peut s'échapper que par une fissure de l'âme, une fissure d'en bas. Ainsi il éclaire une partie de l'espace et non pas la totalité de l'Etre.

Les héros de Proust qui ne paraissent pas connaître Dieu ont pourtant leurs idoles, ils ont leurs dieux, des dieux qu'ils changent ! Ce sont des amours pour Swann, pour Odette, ou pour St-Loup, des systèmes pour Bergotte ou pour Brichot, le vice même à certaines heures pour la curieuse Mlle Vinteuil. Impuissants malgré leur nombre, ces dieux-là ne réussissent pas à gaver des cœurs qui crient tout bas leur faim de joie, des cœurs qui marchent et voudraient se fixer.

Proust parfois essaie les systèmes pour masquer le vide
des amours. Ils s'usent, ils ne tiennent pas plus d'un instant ! Métempsycose, reviviscence après la mort par la
mémoire, (Cf. du côté de Guermantes I) tout y passe. L'âme
isolée tremble et refuse de voir dans la mort une cessation
définitive de sa solitude. « Car l'âme abandonnée cherche,
au dedans, à s'improviser quelque système ; ainsi que dans
un cauchemar, elle se sent d'abord étouffer, pour se dé-
battre, l'instant d'après, dans l'abîme des espaces infinis. »

*
* *

L'hermétisme est toujours dangereux. Il est une école
de douleurs moyennes. Souffrir à plein, se sentir mourir au
large pour quelque grande cause dans quelque énorme
tempête. Passe !.. Mais être rongé par un démon intérieur
et ne pas réussir à l'expulser ; ne voir que lui, l'identifier à
soi ! C'est la mort d'une âme débile.

Les luttes du corps lassent l'esprit ou bien le fouettent,
cela dépend. Le sang qui coule fait surgir l'âme ; mais une
maladie n'est pas une blessure. Une maladie affaiblit toujours l'être entier.

Toute sa vie, Proust eût à soutenir « une lutte incessante
contre la mort ». Son désir d'isolement ne s'expliquerait-il
pas par là ?.. Le silence d'une chambre close est pour les
fiévreux le meilleur remède. Remède dangereux car la
solitude empêcherait qu'en cas urgent on puisse leur porter
secours.

Ainsi de Proust qui n'a pas connu l'opium de l'âme,
la Grâce pour calmer son mal.

Il lui a toujours fallu enfanter dans la souffrance, et
dans une souffrance sans espoir. Aussi, comme Gide, croit-il
constater « l'existence d'une tare physique ou morale à la
base de tout talent original ». Son isolement ne lui donnant

guère accès dans une autre âme que dans la sienne, il suit le conseil de Kant et il universalise la maxime de son action. « La famille magnifique et lamentable des nerveux est le sel de la terre. Tout ce que nous connaissons de grand nous vient des nerveux. Ce sont eux et non pas d'autres qui ont fondé les religions et composé les chefs d'œuvre. Jamais le monde ne saura tout ce qu'il leur doit et surtout ce *qu'eux ont souffert* pour le lui donner. » — Quelle auto-apologie ! Toute la force de Proust et toute sa faiblesse réside dans ce fait : il est un nerveux ! Pour lui, l'inférieur, le mutilé, le détraqué seul peut produire un chef-d'œuvre. Il est de ceux qui croient implicitement que le moins peut produire le plus. N'est-ce pas un relent de romantisme?..

Dès lors, un abîme d'infécondité le sépare de l'état psychologique du chrétien pour lequel le sain et le saint se complètent et seuls peuvent produire le chef-d'œuvre total dans une plénitude qui n'exclut pas le sacrifice.

Car une autre conséquence de l'isolement de son âme est de le faire répugner à tout sacrifice. Il se trouve tout entier intéressant... Mais se connaît-il tout entier ? Ce prodigieux analyste a-t-il fait une seule fois, le tour, la synthèse de lui-même? C'est peu probable.

Il isole les parties de son âme par abus d'analyse. D'où son déséquilibre, d'où sa souffrance.

Jacques Rivière avait bien découvert, nous semble-t-il, la fissure secrète par laquelle s'écoulait la joie de Proust.

La source de tout le mal en lui, c'est ce manque d'équilibre, ce défaut d'unité dans sa complexité qui fait que, comme ses héros, il court toujours après son âme !

Bien au contraire la certitude catholique établit tout l'être dans la paix. A chaque partie elle assigne son rôle et ses limites. Elle ordonne chacune relativement à l'unique fin qui seule importe : l'éternité. D'où unité profonde de la personne, domination féconde du « moi » par le « soi ! »

Toutes les facultés, toutes les tendances de l'âme sont alors dirigées vers l'Etre qui est Dieu et rejointes en Lui.

Le mystère de l'Eglise — qui est le mystère de l'union au Christ — intervient alors et accroît encore l'équilibre de l'âme chrétienne en l'harmonisant aux âmes d'autrui. Harmonie quasi-parfaite jusque dans la souffrance et dans le mal.

Hélas ! Proust manquait totalement de ce sens catholique qui, sans doute, l'aurait sauvé !

Rien pour créer en lui l'unité supérieure de la personne qui est la condition de la paix. Toute puissance en lui réclame son acte au détriment de la puissance voisine. Et aucune discipline ne s'impose pour trancher les différents. Car l'intelligence qui est saine tente sans cesse de s'éloigner en lui de la sensibilité qui est malade. Il y a chez lui une double et même une triple personne. L'intelligence vit en marge de lui-même. A la rigueur elle contrôle, elle ne dirige pas car elle a perdu tout contact avec le reste de l'être.

Rivière le dit excellemment : « Proust trempe d'abord entièrement, profondément dans la sensation, dans le sentiment. Dès son enfance éprouver lui prend toutes ses forces, sauf une : l'intelligence. On le voit captif de ses propres émotions, enseveli sous leur multitude, accablé, oppressé déjà ; il n'y a que son esprit qui vole et le transcende mais sans se proposer d'autre tâche que l'inspection ».

Mais cette méthode de « l'épreuve » n'est-elle pas comme l'indique l'admirable langue populaire — la méthode de la souffrance?..

Certains esprits peuvent se créer un ordre artificiel, un monde à eux qu'ils ferment à volonté. Marcel Proust est trop pénétrant pour le pouvoir jamais.

Pour un esprit de sa trempe le dilemme était sans doute inévitable : le Christ compris, accepté, reçu dans son Eglise ou la douleur.

Il lui a fallu subir la douleur toute sa vie pour n'avoir pas voulu baiser la joue saignante de Celui qui, seul, transmue la souffrance en joie, le sacrifice en rédemption.

Il est de ceux qui n'ont rien évité, sauf l'essentiel !.. Sans l'essentiel ils sont morts, malgré le génie, à petits feux.

Un intense désir de retrouver l'objet perdu, de faire la connaissance de l'être le prend au cœur. Il ne croit pas à la possibilité de réaliser ses aspirations en un autre monde. Et cela le laisse sans force bien que lucide. « Si on a la sensation d'être toujours entouré de son âme, ce n'est pas comme d'une prison immobile; plutôt, on est comme emporté avec elle dans un perpétuel élan pour la dépasser, pour atteindre à l'extérieur, avec une sorte de découragement, attendant toujours autour de soi cette sonorité identique qui n'est pas écho du dehors mais retentissement d'une vibration interne. Parfois, on convertit toutes les forces de son âme en habileté, en splendeur pour agir sur des êtres dont nous sentons bien qu'ils sont situés en dehors de nous et que nous ne les atteindrons jamais. »

Voici donc l'âme limitée à elle-même. Le dépassement reconnu impossible.

Aussi Proust dédaigne-t-il tout ce qui s'impose à l'individu et qui ne vient pas de lui. Il écrit cette phrase lourde de désespoirs. « On superpose une religion aux lois aveugles de la nature ! »

Il n'y a donc de réalité que le moi. Le reste est superposé. Le reste est imagination !

D'où ces longs et incessants retours sur lui-même, ces analyses sans cesse reprenantes, cette « incroyable surabondance d'enregistrements » sans un seul jugement.

Comme il n'a plus contact qu'avec lui-même, Marcel

Proust arrive à perdre le sens même de la valeur des sentiments ou des idées. Bien? Mal? Il ne sait plus le sens de
ces vieux mots qu'il ne trouve plus en lui. Et ce faisant il
nuit considérablement à son art.

Car son silence sur la valeur des choses équivaut dans
l'esprit du lecteur à un mensonge... Par là, ce qu'on pourrait appeler la « perversité proustienne » est beaucoup plus
avancée que celle de Beaudelaire ou de Rimbaud et même
que celle de Gide.

Nous sommes arrivés à l'inconscience à force d'hermétisme. La seule règle qui puisse permettre à Proust de
juger, c'est sa souffrance. Encore est-elle bien relative?

Écrire les « Fleurs du mal » ou « La Saison en enfer » c'est
au moins reconnaître qu'il existe un mal et un enfer. Parler
de « Nourritures Terrestres » n'est-ce pas laisser sous-
entendre qu'il y a autre chose que la terre?.. Proust, lui,
ne parle de rien, sinon de temps perdu et retrouvé. Or,
absolument parlant, il est vain pour un incroyant, de se
lancer à la « Recherche du Temps perdu ! »

Ainsi l'isolement de Proust aboutit à la prédominance
quasi exclusive de l'impressionnabilité puisque l'ordre
chrétien n'est pas là pour discipliner son être. Toute son
âme, tous ses héros restent toujours sur le plan de la sensation, même lorsqu'ils pensent. Ils ne quittent jamais la
blessure de la chair, ils ne prient jamais. Aussi faut-il
rappeler ici le mot de Beaudelaire « La spécialisation excessive d'une faculté aboutit au néant ». Le génie de Proust
l'a sauvé du néant, il ne l'a pas sauvé de l'amoindris-
sement.

Que tous ses personnages soient *avant tout* des sensuels,
des impressionnables, c'est une faiblesse. Car la sensibilité
n'est pas tout. Elle influe sur l'homme, elle ne l'explique
pas, sauf en cas de détraquement.

Mais « l'art n'est pas un asile ».

Proust a montré que l'art sans Dieu, l'art sans la Grâce ne pouvait pas être autre chose.

Il a découvert toutes les tendances ésotériques du freudisme — sans avoir étudié un seul traité de psychanalyse — rien qu'en s'écoutant exclusivement vivre lui-même.

*
* *

Il est à lui-même son sujet de roman. Et cela seulement n'est-il pas un indice?

On a voulu voir dans son œuvre « un retour à l'objet perdu ». La soumission à l'objet suppose une sortie hors de soi, or ses personnages, pas plus que lui, ne réussissent à se dépasser. Eux aussi sont victimes de l'hermétisme.

Proust ne se soumet qu'à un personnage à la fois. Il lui manque, pour embrasser les vastes ensembles spirituels, le « sens catholique » des âmes. Le dogme de la communion des saints est fécond, même du pur point de vue de l'art. Lui seul permet de ne pas reculer l'analyse à l'infini, de découvrir les liaisons profondes, les ressorts secrets des âmes.

Pour qui méconnaît le dogme de la communion des saints, il ne peut guère y avoir d' « esprit positif dans la peinture des sentiments ». Car rien n'est plus faux qu'une « littérature de l'homme seul ». L'homme seul n'existe pas, il a perdu tout contact avec la vie. Des personnages qui ne s'occupent guère qu'à interroger et à morceler leur propre conscience ne sauraient donner l'impression du réel.

Quoi qu'en puisse dire Jacques Rivière, ils sentent et n'agissent guère. En cent pages, d'ailleurs inimitables, Proust analyse les délices d'un baiser de sa mère. Il faut trente pages des « Jeunes Filles en Fleurs » pour évoquer la silhouette d'Albertine ou les charmes de la Berma. Quant à la présentation de M. de Norpois elle est aussi interminable qu'admirable. Et malgré ce luxe de détails, cette débauche splendide d'analyses on ne sent pas le fond des âmes, on ne touche pas la vie. « Proust, remarque Benjamin Crémieux, ne cherche pas à nous montrer ses héros aux moments capitaux de leur vie, de peur de nous les montrer hors d'eux, se dépassant ». Tout est là.

Au fond, les personnages de Marcel Proust, même Swann, ne sont pas totalement réalisés. La grisaille quoi qu'on en dise n'est pas la vie. Aussi ne constituent-ils pas une comédie humaine, mais une association de Français moyens frottés d'académisme ou de culture. Il n'y a pas un coin de divin en eux, et cela manque.

Ils sont pourtant *sincères* dira-t-on. Mais leur sincérité s'oppose au réel. Il n'y a pas de réel sans plénitude. Sur le plan de la nature, ils sont aussi complets que possible. Les moindres recoins des régions moyennes de leur âme sont explorées. Hélas ! où sont chez eux les hautes régions, les suprêmes envolées vers l'Etre?..

Où est même le lien qui pourrait les unir, le lien qui pourrait faire croire qu'ils cohabitent réellement dans un même monde?.. Comment en serait-il autrement? Proust a « perdu la notion essentielle de la nature, qui est une raison éternelle de fournir à chaque individualité une vocation propre dans l'ensemble, une vocation que seule cette individualité peut accomplir ».

Aucun de ses personnages n'a de vocation propre, ou plutôt tous ont « la vocation de l'instant ». Ils sont brûlés par le temps qui souffle !

La véritable réalité est pourtant celle dans laquelle est inclus un geste éternel. Il n'y a pas de véritable soumission à l'objet sans la soumission à Dieu en qui réside la plénitude de l'Etre. Il n'y a pas de splendeur totale sans la splendeur immatérielle de la Grâce.

Ce qui manque à Marcel Proust c'est l'ordre qu'instaure

dans l'intelligence l'inutile métaphysique; cet ordre « qui n'est pas un quelconque arrangement de police, mais l'ordre jailli de l'éternité ».

S'il l'avait un jour possédé tous ses personnages en eussent profité. Car il rend à l'homme son équilibre et son mouvement. Il situe en plein réel, il racine à la fois sur la terre et ailleurs.

Son puissant appétit de connaissance intérieure, réglé et orienté par les disciplines catholiques, se serait épanoui, non pas seulement dans l'analyse qui risque d'être destructrice, mais dans la synthèse éclairante. Il aurait évité les impasses. Si l'ordre du beau est le rapport du visible et de l'invisible, Marcel Proust, servi par son merveilleux génie aurait sans doute réalisé la beauté en plénitude.

Au contraire, par impuissance à se soumettre aux grandes réalités extérieures, par amour d'une rêverie solitaire et divinatrice, par l'attention qu'il a toujours prêté aux battements les plus inavouables de son cœur, Proust s'est fait une âme de femme. Quoi de plus extériorisé, quoi ce plus dense que la conversation d'une femme? Mais aussi quoi de plus secret que son rêve éveillé?

Tel est Proust.

L'isolement de l'âme efféminée. La force, la virilité sont les fruits du sacrifice. Le sacrifice exige la compréhension de la Croix.

Proust ignorait la Croix. Cela a nui aux plus profondes couches de son œuvre.

*
* *

Néanmoins Proust est humain et comme tout homme il est un animal métaphysique qui, malgré tout, a faim d'absolu. Il stigmatise durement la passivité philosophique et le tourment qui le ronge se traduit sinon par une volonté d'aboutir du moins de temps en temps par de sérieux désirs d'effort.

Lui qui reste si mondain par éducation et par nature, il y a des heures où il sent la haine du médiocre monter en lui, des heures où il vomit le « bourgeois » où il le moque, non en tant que vulgaire ou qu'inélégant mais en tant que tiède. Il semble mettre une rage froide à ridiculiser M. de Norpois, ancien favori de Mme de Villeparisis, don Juan mis à la retraite par la limite d'âge et réfugié à l'Institut.

Mais son tourment va-t-il plus loin que cette horreur du poncif? Est-il une angoisse métaphysique?

Certes, il y eut des années où Proust a senti qu'il avait une âme qui criait ! Années trop brèves dont les *plaisirs et les jours* sont les vestiges délaissés...

L'âme? A vingt ans, il n'eut pas peur de la nommer; il ne craignit point d'en parler. Puis, comme pris de remords, par un refoulement imperceptible de lui-même, il a paru l'oublier. Depuis lors il n'a guère quitté le palier des sens, il n'a guère évolué que loin du domaine de la Grâce et loin de Dieu.

« Douleurs d'art intéressantes et précieuses » a dit Anatole France. La vraie douleur qui seule est féconde est une douleur vive.

Marcel Proust n'a pas — hélas ! — le sens de l'être qui pourtant est capital chez un créateur. Il n'en éprouve ni la nostalgie ni le besoin. Son âme est faite pour les chagrins aimables plutôt que pour les angoisses définitives. Sa maladie réside surtout dans l'isolement de l'âme, dans la retraite, loin des saines réalités de la vie au royaume décevant des rêves...

« Mon sort était de ne poursuivre que des fantômes, des êtres dont la réalité pour une bonne part était dans mon imagination. Il y a des êtres en effet pour qui tout ce qui a une valeur fixe, constatable pour d'autres, la fortune, le succès, les hautes situations ne comptent pas; ce qu'il leur faut ce sont des fantômes. Ils y sacrifient tout le reste. »

Proust y sacrifie son âme !

Il serait relativement facile de faire de son « sens de l'inconnu », de son génie du soupçon un désir éperdu des mystères divins.

Ne serait-ce pas aller trop loin?

Certains passages révèlent chez lui ce frisson unique de l'homme soudainement mis en présence de lui-même et qui, d'un regard de l'âme, se redécouvre... « Swann aperçut, immobile en face de ce bonheur revécu, un malheureux qui lui fit pitié parce qu'il ne le reconnut pas tout de suite, si bien qu'il dut baisser les yeux pour qu'on ne vit pas qu'ils étaient pleins de larmes... C'était lui-même. »

En vérité, il se ferait pleurer s'il se connaissait dans sa misère ! Mais, en cela, fils et compagnon de Barrès, il trouve plus « sincère », plus « distingué » sans doute de chérir sa douleur.

Il a le sens des prolongements indicibles que laisse en nous le départ des morts. Il est un raciné dans l'au-delà. Sa retraite loin des vivants lui fait désirer l'invisible baiser des morts.

« Les morts, écrit-il, nous les pleurons, nous les aimons encore, nous subissons longtemps l'irrésistible attrait du charme qui leur survit et qui nous ramène souvent près des tombes. »

Proust n'essaie pas d'interroger ces charmes. Il se contente de leur « volupté délicieuse parce que mêlée de mort », de cette indéfinissable caresse qui satisfait tous les amants du devenir.

Plus loin que les trous de terre entre les croix, Proust entrevoit une survie, un prolongement de l'être en nous, mais vagues, indéfinis, fumeux. « A peine une heure à venir nous devient-elle le présent, écrit-il qu'elle se dépouille

de ses charmes pour les retrouver il est vrai si notre âme
est un peu vaste et en perspectives bien ménagées quand
nous l'aurons laissée derrière nous, sur les routes de la
mémoire. »

Pourquoi faut-il que Proust se croit obligé de ne poursuivre que des fantômes. Là où nous admettons une survie
réelle pourquoi n'admet-il qu'une vague persistance dans
la mémoire?

A-t-il craint le ridicule? A-t-il, trompé par son isolement,
cru à la réalité des ombres et à la vanité du surnaturel?

S'il n'a pas le sens catholique, a-t-il du moins le sens
chrétien, le sens de l'âme humiliée, courbée sous le vent
du large? Hélas ! voici que vient pour lui le temps perdu !
Tout allait mal, présage de rédemptions assurées. Tout va
trop bien, présage mauvais. Le vent des hauteurs se retire,
l'air spirituel se raréfie. L'hermétisme conquiert son âme
et contamine son œuvre en posant des bornes artificielles
à son génie.

Il peut isoler son âme et son œuvre, impossible d'isoler
sa douleur. En lui se montre un impérieux besoin de confidences, de confession qui est comme la revanche des conditions naturelles de la vie de l'âme qui n'est pas faite pour
être seule.

Malgré tout, il lui faut une autre société que lui-même.
Les plus subtiles et les plus dangereuses déformations du
génie n'empêchent pas de monter au fond des entrailles le
cri de l'homme, qui est un appel à autrui.

Il essaie de se satisfaire dans l'amour, mais l'amour fuit.
Aucune lueur de Calvaire ne divinise la souffrance amoureuse de Swann. C'est la nuit des amours terrestres que ne
soutient pas la vision de l'être. Nuit de douleur, car en
même temps que la passion elle permet à la jalousie de se
glisser dans l'âme. Les amours humaines sont jalouses car

elles ne savent pas la vertu des pardons. « On n'aime plus personne dès qu'on aime. »

Un seul amour permet et pacifie les autres; l'amour éternel du Christ.

Il est absent du cœur de Proust.

Parfois, il paraît l'aller quérir dans les églises. A plusieurs reprises même, ses héros « vont à la messe ». Y trouvent-ils réconfort ou rancœur?.. Y vont-ils en étrangers ou en fidèles? Les églises qu'il décrit sont mortes. On croirait que son regard les glace et qu'elles ne peuvent pas hanter son âme. Il les aime comme on aime de belles mortes. « Que je l'aimais et que je la revois bien notre église! Familière, simple citoyenne de Combray! Il y avait pourtant entre elle et tout ce qui n'était pas elle une démarcation que mon esprit n'a jamais pu arriver à franchir ».

Aussi Proust considère-t-il le surnaturel non pas comme le domaine des réalités par excellence mais comme une « détente artificielle », comme « un opium de l'âme ».

Il a le tort de mettre sur le même plan la foi, le génie, l'amour, la mort tous ces remèdes plus ou moins souverains aux maladies humaines. Il a le tort de ne pas se répéter jusqu'à la fin la demande qu'il avait une fois posée au cadavre de Willie Heath : « Du sein de Dieu où tu reposes... révèle-moi ces vérités qui dominent la mort, empêchent de la craindre et la font presque aimer. »

La foi est cette vérité qui transcende la mort. Elle contient tout l'être et éclaire au maximum tous les mystères. Elle donne, fixe, assigne un sens — le seul qui ne soit pas absurde ou répugnant — à la souffrance. Elle s'aggrège la mort pour le bien des âmes, fixant les yeux des défaillants sur le grand objectif de l'éternité; fin en soi, fin suprême, fin unique.

Il en sent parfois le manque et le frisson. « Tandis que le plaisir me tenait de plus en plus, écrit-il, je sentais s'éveiller au fond de mon cœur une tristesse et une désolation infinies; il me semblait que je faisais pleurer l'âme de ma mère, l'âme de mon ange gardien, l'âme de Dieu. Je n'avais jamais pu lire sans des frémissements d'horreur le récit des tortures que les scélérats font subir à des animaux, à leur propre femme, à leurs enfants; il m'apparaissait confusément maintenant que dans tout acte voluptueux et coupable; il y a autant de férocité de la part du corps qui jouit et qu'en nous autant de bonnes intentions, autant d'anges purs sont martyrisés et pleurent. »

Enfin voici conquis le sens du mal ! Voici le mal dénoncé et nommé...

Oh ! le dogme effrayant de la Communion des saints... toute l'Eglise !

La faute d'un seul se prolonge à l'infini par d'insaisissables vibrations jusqu'aux replis secrets des autres âmes. Est-ce même bien la faute d'un seul? Y a-t-il au monde une seule faute qui soit celle d'un seul? Toutes les âmes sont liées par les sommets.

Mystère de la condition humaine, mystère qui s'éclaire sous le flambeau catholique ! Nuit du bien et du mal dans laquelle nous nageons tous !

*
* *

Proust était excellemment doué pour retrouver l'objet perdu. Il l'a manqué faute de psychologie religieuse.

Le défaut de son réalisme est celui de tout réalisme purement psychologique : le manque d'absolu, l'absence de l'être.

Seul le point de vue métaphysique compris avec sérénité, introduit au cœur même du réel. Le vrai réalisme ne saurait être subjectif. On peut essayer, pour reprendre une métaphore de Proust, de « serrer les vis des deux plateaux qui contiennent entre eux une tranche de réel »; on n'arrivera jamais qu'à le faire déborder et par conséquent à révéler une impuissance absolue à en prendre connaissance totalement.

« Nous ne voyons nulles choses telles qu'elles sont, parce que nous négligeons les causes, les fins, les grandes attaches et les essences profondes; nous ne considérons que les surfaces et ne réagissons qu'aux instants. Or c'est l'éternité et l'infini que nous révèlent toutes choses, et le caractère plaisant ou douloureux de ce qu'elles offrent ne se peut apprécier que de cet unique sommet ».

Rien ne se juge sainement, sinon considéré dans son tout. C'est vrai pour un psychologue et un bâtisseur de roman comme c'est vrai pour un philosophe.

L'isolement tue. Voe soli !

PIERRE GODMÉ.

RÉFLEXIONS

PAR

MARIE-JEANNE DURRY

RÉFLEXIONS

Sur le titre d'abord (1). *A la Recherche du Temps Perdu*, l'effort humain se lit dans ces quelques mots lents, pensifs et mystérieux. Voici la quête éternelle, non plus des biens tangibles, mais des richesses impalpables : les trésors de la vie spirituelle, la moisson du souvenir. Chaque terme est plein de sens. Le temps perdu, c'est bien, au sens ordinaire, le temps gaspillé, dissipé, au

____

(1) *Il ne s'agit point d'un article d'ensemble, ni qui veuille être complet. Que de choses restent à dire sur Proust ! Il faudra en particulier que l'on montre dans le détail et d'après les manuscrits comment il travaillait. On se rendra compte ainsi de tout ce qu'il eût sans doute enlevé dans ses longs polissages, au premier volume d'Albertine disparue, et ajouté au second, qui demeure schématique, du passage aussi de l'abstrait au concret. — On a souhaité seulement de préciser quelques points qui ont paru essentiels.*

fil des plaisirs et des jours ; c'est aussi le temps irrémé-
diablement disparu, et comme tué, tandis que meurent
les êtres les mieux aimés, recouverts de terre, ou pis, d'oubli,
et que la personnalité se transforme, frappée de mille trépas partiels au cours d'une seule existence (1). A la recherche
de ce temps part, à travers l'expérience de la vie, un
long pélerinage, aussi pieux pour les minutes essentielles
que pour les riens à quoi l'éloignement a conféré une portée
inattendue. Et grâce à la mémoire le passé anéanti ressus-
cite. Le dernier volume pourra en vérité s'intituler *Le
temps retrouvé* : le souvenir a ranimé avec ses nuances secrètes le Temps surgi de sa tombe illusoire; et dans la solitude qui purifie, qui présente à chaque instant l'être tout
entier à lui-même, l'homme est enfin devenu le maître de
ces heures qu'il a vécues, il peut saisir ces insaisissables,
il abolit la fuite des choses, jusqu'au moment où la Mort,
l'abolit à son tour, laissant intact malgré elle, le temps fixé,
cloué dans l'œuvre, et qui, périssable autrefois, est devenu,
enfin, l'Eternité.

*
* *

Du Temps Perdu au Temps Retrouvé, il y a la distance
d'un sacrifice. Dès longtemps, l'attention a été attirée sur
ces deux actes constrastés dont l'existence de Proust fut

---

(1) *Voir entre autres passages* Albertine disparue, II, 136, 137. *Comme
pour tous les secrets de son œuvre, Proust avait laissé d'abord pressentir
sans la préciser, la signification complète de son titre.* Albertine disparue
exprima par des mots ce que l'on devinait : II, 64. « *La persistance
en moi d'une velléité ancienne de travailler, de réparer le* temps perdu...
me donnait l'illusion que j'étais toujours aussi jeune »; p. 65. « *Et comme
dans les nouveaux espaces, encore non parcourus, qui s'étendaient devant
moi, il n'y aurait pas plus de traces de mon amour pour Albertine qu'il
n'y en avait eu, dans les* temps perdus *que je venais de traverser, de mon
amour pour ma grand'mère...* »

le théâtre : l'acte des réjouissances mondaines, l'acte de la réclusion. L'opposition en a frappé, puis l'enchaînement. Mais cette évolution dont on a reconnu la logique, il faudrait aussi déclarer qu'elle était prévisible (1).

Sous la préciosité et le décadisme un peu artificiel du livre de 1896, s'allumaient et s'éteignaient en feux tournants des lueurs révélatrices. Les puissances de songerie étaient magnifiées, et méprisée l' « imagination infirme à qui une chambre nue ne suffit pas pour y faire passer toutes les visions de l'univers » (2). Les voyages semblaient inutiles, car les routes véritables conduisent moins vite que le rêve aux lieux désirés. Les pièces de Shakespeare rayonnaient plus belles « vues dans la chambre de travail que représentées au théâtre ». Sur une cadence romantique se murmurait qu'il « vaut mieux rêver sa vie que la vivre », et Madame de Breyves promenait dans sa mélancolique villégiature un amour fantômal et déchirant, un mirage, mais qui avait la réalité de sa douleur et de sa volupté. Ecartant le rideau des pluies diluviennes, Marcel Proust s'avançait déjà

  « Vers l'arche monstrueuse apparue à demi »,
l'arche symbolique d'où Noé put voir le monde comme jamais aucun vivant *malgré qu'elle fût close et qu'il fît nuit sur la terre*. Mais il devait longtemps hésiter à y pénétrer.

Le moderne « livre des snobs » commençait avec *les Plaisirs et les Jours*. Comtes, ducs et princes y évoluaient déjà. Bouvard et Pécuchet ne renaissaient que pour donner, avant la mélomanie, dans la mondanité. Comme l'avait fait Proust lui-même, Violante, héritière de Styrie, s'en allait conquérir la société. Départ conscient et volontaire.

____

(1) *M. André Gide l'a fait en quelques lignes, mais extrêmement suggestives, N. R. F. Janvier* 1923 *« En relisant les Plaisirs et les jours », p.* 123.

(2) *P.* 90. *Pour ce qui suit, voir pp.* 92, 185, 113 *et suiv.*; 13. *Toutes les références renvoient à l'édition courante des œuvres de Proust* (Gallimard).

Il fallait trouver, grâce au monde, simple « moyen », « des armes vulgaires, mais invincibles ». Une curiosité se joignait à ce désir, et le besoin « de mener une vie un peu plus matérielle et moins réfléchie ». Le séjour au dehors serait « à la fois un repos et une école ». Ces lignes, moins grandiloquentes que les défis d'un Rastignac furent écrites à vingt et un ans ; elles expriment une volonté si lucide, si nette, et qui se satisfit si entièrement, que l'on demeure émerveillé devant elles.

Mais, tandis que l'expérience s'inaugure à peine, celui qui la poursuivra des années durant, est déjà frappé de son insuffisance. La jeune fille par la bouche de qui il se confesse, avoue le « rétrécissement d'âme » qu'elle subit au contact du monde. « Ses plaisirs desséchants m'habituèrent à vivre dans une compagnie perpétuelle, et je perdis avec le goût de la solitude le secret des joies que m'avaient données jusque-là la nature et l'art... Si par hasard j'entendais, j'avais cessé de voir tout ce que la musique sait dévoiler... Les bois, le ciel, les eaux semblaient se détourner de moi... Les hôtes divins qu'annoncent les voix des eaux, des feuillages et du ciel daignent visiter seulement les cœurs qui, en habitant en eux-mêmes, se sont purifiés ». A s'attarder parmi des inconnus que l'on essaye de pénétrer, on oublie le fraternel étranger que l'on porte en soi. A tenter la conquête de vérités chimériques, on perd la certitude et la possession intérieures.

Si le prestige du monde se ternissait, celui de l'isolement se parait de teintes vives. Le jeune homme sentait tout ce que lui apporterait l'éloignement qu'il convoitait avec une sorte de crainte. Combien il gagnerait à s'évader du tumulte dans le silence ! Là serait décanté le souvenir. La femme aimée, rompt si elle s'approche, le charme du rêve, mais, après son départ, la mémoire tisse une trame nouvelle de tendresse. « Je pense que c'est l'indulgent et puissant

Souvenir qui nous veut du bien et qui est en train de faire beaucoup pour nous, ma chère » (1). Que ne ferait-il pour celui qui le chantait ! Un jour, un jour peut-être, Marcel Proust aurait « plaisir à sentir un parfum doux s'élever de *sa* mémoire, comme d'une brouette jardinière remplie jusqu'aux bords. » (2)

Ce désenchantement et cette attirance ne suffisaient pas pour que s'accomplît la séparation. Violante reste, malgré ses velléités de révolte, captive du monde où elle s'est engluée ; elle vieillit et meurt sans s'être reprise. Dominique refuse de sacrifier ses convives habituels au visiteur imprévu qui est lui-même et qui lui demande en vain l'hospitalité. Proust savait, dès lors, que ses forces n'étaient pas illimitées, voulait éviter le gaspillage de son énergie, désirait se replier sur soi. Il appelait « la décision définitive, le choix, l'acte vraiment libre, l'option pour la solitude » (3). Le moment n'en était point venu.

« C'est vrai qu'il s'écoutait trop ; au fond de sa vie il écoutait toujours la mort ». Quand cette hantise mortelle devint plus lancinante, il eut le courage enfin, de s'arracher. Au fond de la retraite, la mémoire recomposait, lumineux, le monde qu'il avait quitté, autour du « moi » dont il n'avait jamais été si proche. Dans le corps débile, la volonté dominatrice épuisa les bienfaits de cette réclusion terrible et librement choisie.

*
* *

Par un effort légitime, l'on a cherché des antécédents aux livres si particuliers qui naquirent dans cette solitude.

---

(1) *P.* 232.
(2) *P.* 92.
(3) *P.* 151.

Montaigne et Saint-Simon sont apparus comme de grands ancêtres; le roman anglais a été invoqué, — Proust n'a-t-il pas dit « Il n'y a pas de littérature qui ait sur moi un pouvoir comparable à la littérature anglaise ou américaine »? — et l'on pourrait songer à Tolstoï, au roman russe; les trois noms de Bergson, Einstein et Freud ont été prononcés chaque fois qu'a été signalé le rôle joué dans les livres de Proust, par l'intuition, le temps, l'inconscient. Ces rapprochements sont justes, mais un autre s'imposait, qu'il ne fallait pas se borner à indiquer : celui de Proust et des poètes symbolistes. L'influence qu'ils ont exercée sur lui, ou plutôt les affinités qui existent entre eux, sont essentielles. Pour preuve matérielle il ne faudrait que les épigraphes empruntées par *Les plaisirs et les Jours* à Baudelaire, Mallarmé, Henri de Régnier. Mais Proust n'a pas encore extrait, alors, de tant de poèmes, la substance vraiment nourricière : il leur a emprunté des comparaisons précieuses et d'une langueur artificielle, des modes et des parti-pris. Les réminiscences sont plus formelles qu'elles ne témoignent d'une assimilation parfaite. Baldassare meurt en regardant la mer où « dans une brume dorée, la lumière mêlait les petits bateaux et les nuages et murmurait aux voyageurs des promesses irrésistibles et vagues ». L'amoureux, dans la maison qui crie sous le vent supplie son amie. « Gardez sur vos genoux cette touffe de roses fraîches et laissez pleurer mon cœur entre vos mains fermées ». Le lecteur entend au fond de sa mémoire, l'*Invitation au voyage*, ou le *Green* verlainien (1). Mais plus tard viendront les consonnances profondes.

Presque toutes les pages merveilleuses qui décriront les sensations de Proust seront un commentaire du Credo

---

(1) *Proust cite d'ailleurs les vers de Verlaine : « Belles petites mains qui fermerez mes yeux ».*

symboliste : « ...Les parfums, les couleurs et les sons se répondent... » Le feu cuit ainsi qu'une pâte les odeurs qu'exhale la chambre de la tante Léonie et dont l'air est tout grumeleux; il les feuillette, les dore, les boursoufle, en un *invisible et palpable gâteau provincial,* qui semble croustillant, où l'on voudrait mettre la dent : il transmue les arômes en saveur. Le chemin qui monte vers les champs est « tout bourdonnant de l'odeur des aubépines » et convertit les senteurs en sons. Le bouquet de violettes d'Elstir embaume son atelier d'une « *limpide* odeur » et cet adjectif mêle au parfum la vision d'une transparence de source. Ou bien encore la petite phrase mélodieuse de la sonate de Vinteuil passe devant Swann, *légère, apaisante,* comme une apparition féerique, et *murmurée comme un parfum* (1). Les sensations s'appellent, s'évoquent, s'allient.

Dans *Les Plaisirs et les Jours* déjà, les noms avaient une influence ; un village d'Engadine y exerçait le prestige de son « nom deux fois doux : le rêve des sonorités allemandes s'y mourait dans la volupté des syllabes italiennes ». Mais l'*âge des noms* véritable ne date que de *Swann.* Il est superflu de remarquer une fois de plus, comment les villes surgissent alors sous une forme imaginative au seul appel de leur nom, comment *Les Diamants de la couronne* détachent sur l'affiche théâtrale leur *aigrette étincelante et blanche* laissant le *Domino noir* s'envelopper d'*un satin lisse et majestueux.* « Guermantes » a une teinte orangée, « Brabant » une sonorité mordorée, et le « nom inconnu et si doux de Champi » met sur l'enfant qui le porte dans le roman de George Sand « sa couleur vive, empourprée et charmante ». Qu'est-ce à dire? sinon que Proust a la vision colorée d'un Rimbaud.

---

(1) *Pour toutes ces citations que l'on pourrait multiplier,* voir Du côté de chez Swann I, 51, 129. La Prisonnière, I, 189. Du côté de chez Swann, II, 120.

Lorsqu'il est question enfin des découvertes qu'a faites Proust dans les arrière-fonds de l'être, il ne faudrait pas oublier ceux qui, de l'inconscient, ont fait jaillir des éclairs, les Symbolistes encore, Rimbaud qui a dit : « J'écrivais des silences, des nuits, je notais l'inexprimable », et, avec ce visionnaire, Verlaine qui est allé, dans une marche raffinée sous son apparence involontaire, vers les émotions les plus simples, les sensations souterraines, les langueurs vagues, les souvenirs incertains, les remords instinctifs, la tristesse si obscure qu'elle ne s'exprime plus par des analyses mais par un désespoir balbutiant, une inertie, une atonie, où l'homme est transformé en une pauvre chose, heurtée, ballotée, inconsciente

> Je ne sais plus rien...
> Je suis un berceau
> Qu'une main balance...
> Silence, silence.

Il serait absurde d'établir une comparaison entre Verlaine et Proust qui diffèrent à peu près en tout. Mais il reste que Proust, précis au contraire, et analyste aigü jusque dans la souffrance totale, atteint aussi d'extrêmes limites. Du malheureux Lélian, Huysmans a écrit : « Seul Verlaine a pu laisser deviner certains au-delà troublants d'âme... » Troublants de même, infiniment, les au-delà d'âme que Proust devait un jour non plus pressentir mais éclairer.

*
* *

En dépit des rapprochements possibles, il est unique. Il a écrit que l'univers n'a pas été créé en une fois, mais aussi souvent qu'un artiste original est survenu : il est l'un de ces créateurs.

Sans doute les productions de l'art possèdent une valeur qui ne cesse jamais de s'imposer. Mais un moment arrive où leur beauté est devenue comme transparente. Elle reste intacte et inaliénable, elle n'a plus le secret des révélations. La voilà classique, formule marmoréenne. Elle vit pourtant, avec les âges successifs, mais qui lui prêtent leur vie propre au lieu qu'elle leur infuse la sienne ; dans les âmes changées elle change à son tour, et son auteur peut-être ne la voudrait pas reconnaître. Il est une période plus féconde, où l'œuvre, déjà triomphante, garde encore de son mystère. L'esprit lutte pour s'emparer d'elle, et elle résiste en même temps qu'elle se donne. Les merveilleuses joutes !

Les livres de Proust en sont là. Sans cesse ils élargissent leur domaine, et soumettent les esprits rebelles. Ceux de Bergotte s'étaient ainsi peu à peu imposés. Mais, à la longue, on pouvait se détacher d'eux. Plus heureux, Proust ne permet pas qu'on se déprenne de lui après l'avoir une fois goûté.

Il ne suffirait pas de dire que l'œuvre proustien, intermédiaire subtil entre les mémoires et le roman, est, pour une très large part, autobiographique, ni même que la composition y est toute subjective, la longueur d'un développement n'étant jamais calculée sur la valeur reconnue « fixe, constatable par d'autres » des faits rapportés, mais sur l'importance qu'ils prennent par rapport à la sensibilité individuelle du héros. Il y a plus. Le *moi* du héros et de l'écrivain, est devenu la condition de toute existence. Événements et personnages *sont* en fonction de lui, des plaisirs ou des peines qu'ils lui apportent, des réactions qu'il subit à leur contact. Les personnages, pour autonomes, les événements pour extérieurs qu'ils soient, ne se détachent jamais de la personnalité de l'auteur. Il y a le monde dans son livre, mais le monde vu par un homme devenu son

pivot, son axe. Rien de plus fécond, s'il faut convenir avec
un moraliste que les faits sont l'eau pure versée par la
destinée, et n'ont par eux-mêmes ni odeur, ni saveur;
si encore l'égoïsme humain, involontaire, invin-
cible, fait de chacun, à ses propres yeux, le cœur
de l'univers. Mais alors se produit une conséquence remarquable, contradictoire en apparence, qui peut être un défaut
et devient un nouveau mérite : les personnages de Proust
vivent d'autant plus, d'une vie d'autant plus concrète,
tangible, qu'il peut se poser devant eux en observateur
moins directement affecté : Françoise, Mme Verdurin, en
sont la preuve. Gilberte ou Albertine au contraire, plutôt
que des êtres vivant pour leur propre compte, sont, sous
une enveloppe charnelle séductrice et muable, les causes
d'émotions délicieusement torturantes. Proust le sent bien,
quand il fait cet aveu imagé « Albertine n'était, comme
une pierre autour de laquelle il a neigé, que le centre
générateur d'une immense construction qui passait par
le plan de mon cœur » (1). Et le moi sans cesse analysé,
par rapport à qui s'animent les autres, sur qui se joue le
livre, n'a pas non plus la puissance de vie palpable de
Cottard ou de Brichot (2).

Car les personnages sont vus « du dehors » autant que « du
dedans ». Le héros, lui, n'est vu que du dedans. Il n'aspire
qu'à se retirer en lui pour se découvrir. Ami incomparable,
attentif, délicat, il prononce la condamnation de l'amitié ; sa raison n'est plus, comme pour Renan, que « les
amitiés particulières » confisquent les forces d'affection
que réclame la collectivité, mais que la personnalité

---

(1) Albertine disparue, I, 38.
(2) *Je pense ici à autre chose qu'à la dissociation de la personnalité,
thème cher à Proust, dont on a assez parlé pour que je n'y revienne pas,
et qu'*Albertine disparue *reprend plusieurs fois avec une inlassable virtuosité.*

s'épanche dans les confidences (1), empêchée de parvenir jamais par la lente pénétration d'elle-même jusqu'au mystère déposé en elle. Aussi nous révèle-t-il surtout sa vie profonde, le mécanisme démonté pièce à pièce, de sa mémoire, de son imagination, de sa sensibilité. Autant qu'expérimentateur il est le champ d'expériences, et qui dépassent l'individu pour se faire générales, universelles. Par quoi la création de Proust, personnelle et subjective à l'opposé des œuvres classiques, inaugure peut-être un classicisme nouveau. Une fois encore est retrouvée *la forme entière de l'humaine condition.*

** **

A une certaine profondeur, en effet, les diversités ou les contradictions disparaissent. Sous des apparences dissemblables, les caractères opposés sont régis par des lois « physiologiques (qui) ont comme les lois physiques une certaine généralité » : en des circonstances analogues, le même air d'interrogation timide, intéressée, suppliante, se peindra sur la physionomie d'un médecin brésilien et d'un historien de la Fronde qui ne se connaissent ni ne se ressemblent (2). Des éléments constitutifs existent, universels. Proust a extrait et illuminé d'une clarté fulgurante ces atomes indivisibles, l'un entre autres : la sensation.

Il y est parvenu grâce à cette acuité des sens surnaturelle que souvent on a remarquée chez lui, et qui s'alliait au désir exaspéré d'appréhender tout le contenu de la sensation. Dans sa vision « s'épinglent » les images, et il darde sur les objets « ce regard qui n'est plus que le porte-parole

---

(1) A l'ombre des J. F.... II, 36; Du côté de Guermantes, II, 79, *etc.*
(2) Du côté de Guermantes, I, 203.

des yeux, mais à la fenêtre duquel se penchent tous les sens, anxieux et pétrifiés, le regard qui voudrait toucher, capturer, emmener le corps qu'il regarde et l'âme avec lui ». L'*ouïe*, — *ce sens délicieux* —, lui fait discerner la qualité des voix, les valeurs phoniques des bruits imperceptibles, et elle est si impérieuse qu'elle fait passer *l'âme la plus intérieure... dans le couloir, dans le filtre obscur du son.* Il aspire les odeurs, les décompose, et les poursuit comme un musicien qui longtemps demeurerait à écouter les résonances harmoniques d'une belle note. Et Swann a, dans son cou révulsé, la sensation musculaire d'une grimace. Puis, au lieu de se perdre, le souvenir des sensations d'ordinaire si fugitives, de leurs propriétés intrinsèques, subsiste dans la mémoire «involontaire », « affective », pour remonter à la surface si une cause accidentelle l'y réclame. Proust a connu le don qui lui était départi, il en a mesuré la valeur. Il a écrit cette phrase, splendide par la pensée, par le rythme, et qui allie à ce que M. Crémieux appelle *le mysticisme de la mémoire*, le mysticisme de la sensation: « Après la mort des êtres, après la destruction des choses, seules, plus frêles, mais plus vivaces, plus immatérielles, plus persistantes, plus fidèles, l'odeur et la saveur restent longtemps encore, comme des âmes, à se rappeler, à attendre, à espérer, sur la ruine de tout le reste, à porter sans fléchir sur leur gouttelette presque impalpable, l'édifice immense du souvenir » (1).

L'édifice n'aurait pas une telle immensité, il resterait à ras terre, si les sensations n'avaient révélé que le monde extérieur. Elles ont le pouvoir plus magique de guider à travers le labyrinthe intérieur. Sans quoi elles seraient mensongères « nos sens ne possédant pas beaucoup plus le don

_____

(1) Du côté de chez Swann, I, 48.

de la ressemblance que l'imagination » (1), et le héros se
serait sottement trompé en voyant bleus les yeux noirs de
Gilberte. Mais la notion de couleur est plus superficielle
que celle d'éclat, et la teinte bleue qui correspondait mieux
dans l'esprit de Marcel à l'impression exacte de vivacité
brillante, était donc plus vraie que la nuance authentique.
Au monde extérieur, dit Proust qui s'amuse à un paradoxe,
« la perte d'un sens ajoute autant de beauté... que ne fait
son acquisition » (2) : les objets agités sans bruit semblent
au sourd total l'être sans cause, ils s'animent d'une vie
miraculeuse, s'envolent devant lui, et les cascades déroulent
pour ses yeux seuls « leur nappe de cristal, plus calmes
que la mer immobile, comme des cataractes du Paradis ».
Dans l'univers intérieur, quelle compensation y aurait-il
à la perte d'un sens? Sans l'ouïe seraient inutiles les beautés
secrètes de la sonate de Vinteuil. Quand Swann l'entend
pour la première fois (3), il goûte d'abord la qualité
matérielle des sons jaillis des instruments. Mais il
faut que la sensation se dépasse pour devenir initiatrice.
Il faut qu'elle se transforme en impression, confuse, soit,
mais purement musicale, inétendue, irréductible « à tout
autre ordre d'impressions », cause d'un plaisir impossible
à décrire, à se rappeler, à nommer. Il faut que la mémoire
s'empare d'elle, lui unisse des concepts visuels, la transforme en quelque chose « qui n'est plus de la musique pure,
qui est du dessin, de l'architecture, de la pensée ». Alors,
épurée, concentrée, distincte et créatrice, elle s'isole. Alors
plane au-dessus des ondes sonores, une phrase qui propose
des voluptés particulières. Comme, plus tard, pour Marcel,
la phrase du septuor, créature féminine plus belle que les

---

(1) A l'ombre des J. F., I, 112.
(2) Du côté de Guermantes, I, 69.
(3) Du côté de chez Swann, I, 193, 194.

Eves terrestres (1) et qui offre d'une voix douce un bonheur qu'enfin il vaudrait « vraiment... la peine d'obtenir », elle est l'*Inconnue* qu'il n'est presque jamais donné à l'homme de rencontrer. Elle croit que les états d'âme sont supérieurs à la vie positive, et seuls valent d'être exprimés. Elle essaye d'imiter, de recréer « les charmes d'une tristesse intime... et jusqu'à leur essence qui est pourtant d'être incommunicable. » Elle est presque trahie quand l'homme appauvri par la fuite de l'amour ne lui demande plus que des notations pittoresques ou la laisse s'éparpiller, se « désagréger » avec les tendres souvenirs. Elle a foi dans les réalités invisibles. Elle en est une. Elle est une idée, impénétrable à l'intelligence, et permet par une grâce unique d' « entrer en contact avec un monde pour lequel nous ne sommes pas faits, qui nous semble sans forme parce que nos yeux ne le perçoivent pas, sans signification parce qu'il échappe à notre intelligence, que nous n'atteignons que par un seul sens ».

Abandonné, le cercle où nous nous mouvons ! Atteinte, la terre mobile et ténébreuse ! Les claires régions superficielles, et les zones plus lointaines de la subconscience sont dépassées. L'inconscient proustien s'étend devant nous.

*
* *

Mais Proust lui-même n'y était pénétré qu'au terme d'une dure et longue « recherche », au prix d'un effort peu à peu seulement sûr de son but. Enfant, adolescent, le héros désespère d'être capable d'art, parce qu'il se propose des sujets littéraires et philosophiques situés *hors* de lui et pour lesquels il n'est point fait. Si quelque impression

---

(1) La Prisonnière, II, 76. *Pour ce qui suit voir id. p.* 78 ; A l'ombre des J. F., *I*, 98 ; Albertine disparue, II, 10-11. Du côté de chez Swann, II, 23, *etc., etc.*

trouble s'agite au fond de son être, si un vague souvenir émerge des lointains, il ne comprend pas la joie obscure qu'ils lui causent (1). Il lui échappe encore qu'il est parmi ceux *dont la loi de développement est purement interne*, et que, pour être fructueuse, la marche de sa pensée doit être dirigée *dans le sens de la profondeur, la seule direction qui ne nous soit pas fermée, où nous puissions nous progresser* (sic) *avec plus de peine il est vrai, pour un résultat de vérité.*

« Avec plus de peine »... il faut aussi accepter cette peine, triompher de la lâcheté qui préfère « à un lent et difficile éclaircissement, le plaisir d'une dérivation plus aisée vers une issue immédiate ». Sur les chemins qui partent de Combray, par les après-midi d'automne, quand Marcel sortait, le corps engourdi d'une longue immobilité, l'esprit las des absorbantes lectures, il se grisait d'animation et de vitesse; mais il ne cherchait pas les raisons obscures de son enthousiasme, il lui donnait un dérivatif tout physique : il se soulageait en distribuant aux murs, aux haies, aux arbres, aux buissons, d'allègres coups de canne, ou en s'écriant avec enthousiasme, son parapluie refermé brandi vers les cieux « Zut, zut, zut, zut ». Gestes instinctifs, *mots opaques, prétendues traductions* d'un sentiment, dont il se délivre ainsi, sans apprendre *à le connaître.* Quelle tentation de céder au plaisir facile, d'être contenté au prix d'à peu près trompeurs ! Un Proust n'admet pas longtemps de se satisfaire à si bon marché. Il préférera, quoi qu'il lui en coûte, la pénible investigation de l'esprit qui se scrute lui-même, et, *chercheur,* est *tout ensemble le pays obscur où il doit chercher* (2); il apprend que jamais il n'aimera rien

---

(1) Du côté de chez Swann, I, 48. *Pour ce qui suit voir:* A l'ombre des J. F. II, 186. Du côté de chez Swann I, 144.

(2) Du côté de chez Swann, I, 487. *Voir ce que M. Charles du Bos dit de Proust et du « Courage de l'Esprit » dans son étude si pénétrante* (Approximation, p. 58 et suiv.).

qui ne soit placé «au terme d'une poursuite douloureuse au cours de laquelle » il lui faudra « d'abord sacrifier *son* plaisir à ce bien suprême, au lieu de l'y chercher » (1).

Cette ignorance, d'abord, de sa prédestination artistique, cette lente conviction qu'il est une voie interne sur laquelle le *devoir* est de s'engager, et que Proust décidera un jour de ne plus quitter tant qu'il lui restera de vie, cet effort harassant pour apercevoir les vérités secrètes, voilà enfin le thème esthétique, le leit-motiv de l'investigation dont les reprises rythmées scandent l'œuvre, *la vocation invisible dont cet ouvrage est l'histoire* (2).

Pendant la dégustation du morceau de madeleine au début du livre, devant les clochers de Martinville, dans le pavillon treillagé des Champs-Elysées, en face des chrysanthèmes de Mme Swann et de la rangée d'arbres de Balbec, au fond de la voiture où Saint-Loup remplace Mme de Stermaria, c'est la même volonté, qui s'épuise et s'affirme, de soulever les apparences.

Que sont donc ces révélations qu'elles dissimulent si jalousement? Les plus hautes ne seront peut-être livrées que dans le *Temps retrouvé*, mais, dès maintenant, on fait plus que les pressentir.

Les objets recèlent, avant tout, une possibilité de jouissances infinies, sitôt que, pareil à Elstir, on sait les regarder *tels qu'ils sont, poétiquement.* Extraire cette poésie qui y est incluse, est la tâche de l'artiste, source de plaisirs, qui sont innombrables; il n'est rien qui ne puisse en apporter. Le jeune homme s'aperçoit avec épouvante qu'il est sans doute digne du mépris de M. de Norpois, puisqu'une véritable exaltation lui a été communiquée par une odeur de moisi ! Sa supériorité est, justement, de savoir s'enivrer des détails qui paraissent insignifiants et sans attrait,

---

(1) A l'ombre des Jeunes Filles I, 198.
(2) Du côté de Guermantes, II, 82.

d'être capable d'une réceptivité toujours disponible, apte
à se donner entier aux impressions indéfiniment renouvelées que fournit la suite des jours ne fût-ce que par des changements d'atmosphère ou de température. Sans aller plus loin,
parfois, il sait goûter le charme simple des instants (1). Subtil,
d'ordinaire il leur demande de le *conduire à quelque chose*.

Ce quelque chose est très souvent une image. L'émana-
tion vieillotte du bois humide, interrogée en vain au début,
laisse soudain ensuite apparaître la vision de la petite pièce
que l'oncle Adolphe occupait à Combray, et qui exhalait la
même odeur. Une telle évocation n'est pas le terme de la
recherche; il est inexplicable encore, — et Marcel remet à
plus tard de le comprendre, — que « le rappel d'une image
si insignifiante », donne « une telle félicité ».

Car une image ne vaut par elle-même que dans une certaine mesure. Plus précieux est le lien qui unit à elle la
réalité : il est plus immatériel encore. Proust s'est défini
à peu près, quelque part, un curieux de rapports (2). Ce
désir de saisir des rapports compliqués est tellement fon-
damental chez lui, que ses amours mêmes en sont influencés.
Il mesure son action sur Albertine, le jour où il voit qu'elle
aussi se doute des relations cachées (3); elle s'amuse aux
métamorphoses des « nourritures criées » par les marchands
ambulants, et qui, d'abord entendues comme des rhapso-
dies, changent de nature à table pour s'adresser à son
palais; elle observe avec un sourire les transformations
des glaces qui affectent des formes multiples, temples, obé-
lisques, rochers, — dessins capricieux d'une géographie

----

(1) Du côté de chez Swann, II, 189.
(2) *Il faudrait ajouter qu'il aime découvrir grâce à ces rapports, comme
des principes généraux, ou, ainsi qu'il dit « quelque élément général commun
à plusieurs apparences, et plus vrai qu'elles, qui de lui-même éveillait
toujours en lui un esprit intérieur ».*
(3) La Prisonnière, I, 176, et suiv.

pittoresque, — et laissent convertir ces *monuments de framboise ou de vanille en fraîcheur* dans le gosier. Les clochers de Martinville imposent comme une tâche nécessaire de déchirer leurs surfaces ensoleillées et de faire surgir derrière leur clarté ce qu'ils semblent contenir et dérober. Ils cachent, sous l'immobilité, le frémissement, d'une vie latente : la voiture ne se dirige pas vers eux, non, ce sont eux qui se jettent si rudement devant elle, qu'à peine a-t-elle le temps d'arrêter, pour ne pas se heurter au porche de l'église. Puis ils regardent fuir les promeneurs, leurs cimes s'agitent en adieux dorés, et parfois ils poussent la délicatesse mutuelle jusqu'à s'effacer l'un devant l'autre, afin de ne pas s'intercepter réciproquement la vue. Ils cachent aussi le secret des analogies : leurs trois silhouettes sont trois pivots d'or tour à tour, et « trois fleurs peintes sur le ciel au-dessus de la ligne basse des champs », et « les trois jeunes filles d'une légende, abandonnées dans une solitude où tombait déjà l'obscurité ». Il y a autre chose dans ces mots que de simples comparaisons poétiques. La pensée met à nu les liens invisibles qui unissent les objets matériels, la nature végétale ou humaine. La conscience, alors, est soulagée; et débarrassé de ces clochers impératifs, l'auteur se prend à chanter à tue-tête, comme s'il était une poule, et venait de pondre un œuf ! — Rapports entre les sensations qui s'appellent, se soutiennent, se pénètrent; rapports entre les noms et les visions menteuses qu'ils font fallacieusement pressentir en attendant la déception de la réalité; rapports entre le présent et le passé par le moyen du souvenir, entre le sommeil et la veille par le moyen du rêve, entre les états d'âme successifs, sans communication entre eux, et la personnalité, entre la personnalité inconsistante et le néant, ou au contraire des réalités inconnues, tels sont les principaux problèmes que Proust se pose, et qu'il tâche à résoudre.

Tout ce qui est se tend vers lui avec la même invocation. « Si tu nous laisses retomber au fond de ce chemin d'où nous cherchions à nous hisser jusqu'à toi, toute une partie de toi-même que nous t'apportions tombera pour jamais au néant » (1). Car les « objets inanimés » veulent lui livrer ce qu'ils ont de commun avec lui. Ils l'aident à plonger dans ses propres ténèbres, lui fournissant en quelque sorte des moyens d'expression pour des découvertes presque impossibles à formuler.

Les rapports qu'il perçoit sont inattendus et neufs. Il ne condamne pas les aspects de l'univers à un enchaînement ennuyeux, monotone, il les rénove. Après que l'individu s'est effacé devant la généralité des lois psychologiques, il reprend ici toute son autorité. A lui d'apercevoir les rapports inaperçus, si nombreux, si variés, entremêlés de si complexe manière que leur découverte a chaque fois la valeur d'une création. *Le monde des différences* n'existe pas *à la surface de la terre,* parmi *tous les pays que notre perception uniformise* (2) en leur conférant la monotonie de l'habitude. Il n'existe que dans les œuvres d'art : les phrases de Vinteuil procurent des impressions différentes de toute autre « comme si, en dépit des conclusions qui semblent se dégager de la science, l'individuel existait » (3), et le grand artiste donne *cette sensation de l'individualité que nous cherchons en vain dans l'existence quotidienne.*

Aussi l'art est-il le terme final de la recherche. Marcel ne se disait pas que « ce qui était caché derrière les clochers de Martinville devait être quelque chose d'analogue à une

____

(1) A l'ombre des J. F., II, 21.

(2) La Prisonnière, II, 100. *Sur l'effort artistique de Proust pour combattre l'uniformisation que l'habitude impose à l'univers, rien ne peut être ajouté à ce que dit M. Crémieux dans sa magistrale étude (XXᵉ siècle ; 1ʳᵉ série).*

(3) La Prisonnière, *II.,* 72.

jolie phrase, puisque c'était sous la forme de mots qui *lui*
faisaient plaisir, que cela *lui* était apparu. (1) Il ne recon-
naissait pas dans ses songeries et ses désirs, une pensée
à laquelle il aurait voué sa vie, *et au point le plus central de
laquelle était l'idée de perfection* (2).

Seulement, une question primordiale et angoissante
se pose pour lui, au moment où il va sans doute comprendre que l'art est sa raison d'être, — il en est là dans
le second livre de *la Prisonnière*, et, dans *Albertine
disparue*, ces diversions : la douleur, l'oubli, le voyage à
Venise, retardent l'instant de la connaissance complète (3).
— Que vaut l'individualité des artistes ? Est-elle révélatrice
de l'inconnu, et comme le souvenir d'une patrie perdue
particulière à chacun (4), ou bien illusoire, et le simple
produit d'un *labeur industrieux*, d'une *habileté vulcanienne?*
Et si elle n'était que ce *trompe l'œil* de l'adresse *technique*,
hélas, hélas, que vaudrait l'art? Il n'est donc pas *quelque
chose d'en dehors de la vie*, et qui ne participe pas *à sa vanité*,
à *son néant?* Il n'est donc qu'*un prolongement de la vie*,
aussi privé de sens, *aussi irréel qu'elle-même?* Proust ne
s'interroge d'ordinaire qu'indirectement sur l'immortalité
de l'âme (5). Mais qui ne voit (6) que le problème lancinant

(1) Du côté de chez Swann, I, 167.

(2) Du côté de Guermantes, I, 47.

(3) *Ce qui n'empêche pas* — *car Proust n'oublie jamais son but,* — *que la
publication de l'article de Marcel dans le Figaro, et les réflexions qui en
suivent la découverte, sont un nouvel acheminement (voir* Albertine disparue, *surtout* II, *pp. 29 et 30.*

(4) *Pour ceci et ce qui suit*, La Prisonnière II, 74-75; I, 220; 270; II, 71.

(5) *Voir pourtant ses réflexions sur la mort de Bergotte,* La Prisonnière,
*I, 255. etc., et surtout, les espérances d'immortalité que fait naître la mort
d'Albertine* (Alb. disparue, *I, 153 et suiv.*).

(6) *Lire Léon Pierre Quint*, Marcel Proust, 3e *partie, ch. IV* « L'art
et le sentiment du divin », *et le compte rendu que M. Paul Souday, le
premier critique qui, en 1913, reconnut l'importance de Proust,* — *a
fait de ce volume.*

de la réalité de l'Eternité de l'âme, s'est seulement transposé, et qu'il est devenu, identique sous une forme plus particulière, *le problème de la réalité de l'Art?* L'hypothèse matérialiste du néant, l'hypothèse spiritualiste (1) de la vérité supra-terrestre, c'est à propos de l'art qu'elles se disputent ses doutes, ses inquiétudes, ses incertaines croyances, ballotées de l'incertitude à la foi, et derechef de la certitude à une demi-assurance (2). A l'art, si l'art en est digne, il s'immolerait volontiers. Il sacrifierait toutes les raisons de vivre à la possibilité de créer une œuvre qui fût révélatrice d'immortalité. Mais avant l'offrande, il lui faut la conviction. Comment l'atteindre? Toutes les œuvres de Vinteuil le demandent; elles répètent éperdument *la question qu'il se posait sous tant de formes* (3); les phrases interrogatives se font à mesure que les productions se succèdent, *plus pressantes, plus inquiètes,* les réponses *plus mystérieuses;* et le chant s'élève, implorant, comme une *prière* et une *espérance.*

Il a beau invoquer une réponse : il ne peut la recevoir que de lui-même; dans cette affreuse anxiété quant à sa propre valeur, il est son seul garant. La caution de l'art est sa vertu d'*extérioriser* ce que tout être semble condamné à recéler, en avare involontaire: « tout le résidu réel que nous sommes obligés de garder pour nous-mêmes, que la causerie

---

(1) La Prisonnière, *II,* 233; 243, *et déjà* Du côté de chez Swann, *II,* 123. « *Son sort (celui de la petite phrase de Vinteuil) était lié à l'avenir, à la réalité de notre âme dont elle était un des ornements les plus particuliers, les mieux différenciés. Peut-être est-ce le néant qui est le vrai et tout notre rêve est-il inexistant, mais alors nous sentons qu'il faudra que ces phrases musicales, ces notions qui existent par rapport à lui, ne soient rien non plus. Nous périrons mais nous avons pour otages ces captives divines qui suivront notre chance. Et la mort avec elles a quelque chose de moins amer, de moins inglorieux, peut-être de moins probable.* »

(2) La Prisonnière, *I,* 270; *II* 64 *et suiv.*; 71; 72; 79; 233; 234, 243. *etc.*

(3) *Pour ceci et ce qui suit* La Prisonnière, *II,* 73; 74; 72.

ne peut transmettre, même de l'ami à l'ami, du maître au disciple, de l'amant à la maîtresse, cet ineffable qui différencie qualitativement ce que chacun a senti et qu'il est obligé de laisser au seuil des phrases où il ne peut communiquer avec autrui qu'en se limitant à des points extérieurs communs à tous et sans intérêt, l'art, l'art d'un Vinteuil comme celui d'un Elstir, le fait apparaître, extériorisant dans les couleurs du spectre la composition intime de ces mondes que nous appelons les individus, et que sans l'art nous ne connaîtrions jamais (1) ». Dire «Quel beau temps, quel beau soleil!» ne fait point connaître « notre ivresse spécifique» «au prochain, en qui le même soleil et le même temps éveillent des vibrations toutes différentes ». Les traductions intellectuelles expliquent, analysent les états intérieurs, elles ne les *recomposent* pas. La musique au contraire les recompose, elle prend *l'inflexion de l'être*, elle reproduit *la pointe intérieure et extrême des sensations*, elle est comme une possibilité, qui n'aurait pas eu de suite, de réaliser, sans langage, sans mots, sans analyse d'idées, la communication des âmes. La suite de l'œuvre montrera, j'en suis certaine, que le jour où le héros aura tenté, grâce à des moyens tout différents des moyens musicaux, de susciter une possibilité analogue, le jour où il aura, avec ces instruments émoussés, inadéquats : les mots, réalisé le miracle, autre et du même ordre, qu'est toute *la Recherche du Temps Perdu*, ce jour-là son art sera devenu sa foi.

Un trouble lui reste encore; il se demande si le vague des états enfin formulés est *une marque de leur profondeur* (2) ou ne prouve pas uniquement notre peu d'aptitude à les comprendre. En ce cas il n'y aurait *rien de plus réel en eux que dans d'autres*, et l'art qui les exprime serait malgré

---

(1) La Prisonnière, *II*, 75. *Pour ce qui suit voir ibid*, 234; 76.

(2) La Prisonnière *II*, 243. *Pour ce qui suit voir ibid. id.* ; A l'ombre des J. F., *II*, 35, La Prisonnière. *II*, 79.

tout un leurre. A pareille crainte, seule peut répondre l'intuition. Le mot de Pascal garde toute sa puissance « Le cœur a ses raisons... » La garantie dernière est un sentiment instinctif : la joie puissante qui soulève le créateur. Un bonheur accompagné d'une étrange certitude emplissait déjà Marcel tandis qu'il buvait la tasse de thé, ou respirait aux Champs-Elysées l'odeur de vieux bois, et ces impressions qui lui donnaient un *bien-être délicieux*, il les retrouvait à des intervalles éloignés dans son existence *comme les points de repère, les amorces, pour la construction d'une vie véritable*. Peu à peu la certitude devient dominatrice. Triomphant est le rire immortellement jeune de Wagner (1);

---

(1) *La Prisonnière, I,* 220. *Quand, après avoir écrit ce passage, j'ai lu les lettres de Paul Claudel et de Jacques Rivière, j'ai été frappée de trouver, écrite par Claudel, cette phrase que Proust, l'incroyant, n'eût pas désavouée, si religieux était son amour de l'art:* « *...je comprenais profondément des documents célestes comme les chœurs d'Antigone et la Neuvième Symphonie. Je savais déjà du fond de mon cœur et de mes entrailles que la grande joie divine est la seule réalité...* » *Et s'élève alors, désespérée, la réponse de Jacques Rivière, encore en quête, lui,* « *à la recherche...* » « *Vous dites que, même avant d'être chrétien, vous compreniez la joie par des documents tels que les chœurs d'Antigone et la Neuvième Symphonie. J'ai aimé, jusqu'au délire, jusqu'à en sentir trembler ma substance intérieure, tout ce qui est beau, libre et triomphant. Mais l'exaltation que cela me donnait était mortelle et sombre et touchait à la douleur. Je ne voyais que le néant sous cette beauté. J'aimais plus que tout Tristan; oh! j'aimais tellement Tristan avec sa nuit et son râle interminable d'agonie sans espoir. Oh! vous avez senti cela, vous aussi, et combien ce peut être terrible pour quelqu'un d'accablé, ces mélodies qui s'élèvent, sans cesse, lentes, comme angoissées de trop de passion, et chargées de trop de ténèbres, qui s'élèvent pour invoquer toujours, toujours, toujours, le néant, et la mort et l'obscurité éternelle. Même en vous écrivant cela, je pleure presque de cette terreur que me donnait Tristan, et qui est bien une des choses qui m'ont le plus confirmé dans mon désespoir. — Je vous dis cela pour vous montrer que le délire du beau, même quand il est joyeux, ne pouvait me faire renaître, et que la Neuvième elle-même, ne pouvait que me déchirer* » *(Jacques Rivière et Paul Claudel. Correspondance. Paris, Plon, Collection du Roseau d'Or pp,* 103, 114-115, *voir aussi p.* 23).

et dans le septuor de Vinteuil éclate un délire de joie éperdue, *le pressentiment le plus différent de ce qu'assigne la vie terre à terre, l'approximation la plus hardie des allégresses de l'au-delà.* Proust s'y élève aussi, prix de son immolation, et il adore son dieu : l'art *sensible au cœur.*

Marie-Jeanne Durry.

MARCEL PROUST ET SES CRITIQUES

PAR

GÉRARD DE CATALOGNE

MARCEL PROUST ET SES CRITIQUES

Comme tous les novateurs et les messagers, Marcel Proust eut toutes les peines du monde, au commencement de sa carrière, à vaincre le silence et l'oubli des lettrés. La gloire n'est pas en effet un objet facile à atteindre; il faut pour arriver à cette possession complète de la célébrité beaucoup de patience, de dédain et d'orgueil. Donner l'impression d'une volonté ferme, d'une force tendue, d'une conscience inflexible ne passe jamais inaperçu, surtout dans un siècle de positivisme intégral. L'influence que Molière, Voltaire et bien d'autres exercèrent de leur temps montrent l'exemple à suivre et la lecon à méditer. L'homme ne devient grand qu'en s'élevant le plus possible au-dessus de ses semblables et qu'en s'abaissant volontairement devant Dieu.

Je ne dis pas que Proust eut l'intuition complète de cette loi mais le fait est qu'il soignât sa publicité. Ses amis l'y aidèrent d'ailleurs et prouvèrent dés la parution de son ouvrage les mérites de l'auteur et son réel talent introspectif.

« Sa personnalité, déclarait M. Lucien Daudet, est entourée d'un halo tout à fait exceptionnel; il est quelqu'un que l'on rencontre rarement, par le fait d'une existence un peu recluse, consacrée presque exclusivement à ses intimes ; mais il est aussi quelqu'un à qui l'on pense beaucoup plus souvent qu'à la plupart des gens que l'on coudoie tous les jours. Son nom seul, prononcé par des personnes qui se voient peu ou qui même ne se connaissent point est comme un motif maçonnique de sympathie immédiate, suffit parfois à transformer une camaraderie banale en plus durable amitié ou à faire naître sur des lèvres cérémonieuses et fermées un sourire bienveillant.

L'explication de cette vigilance affectueuse se trouve révélée toute entière dans le livre que vient de publier M. Marcel Proust... Mon rôle n'est point ici d'analyser cette œuvre et d'ailleurs on ne pourrait le faire brièvement, à moins d'employer le même arbitraire (malgré l'exactitude apparente)que nous employons lorsque pour décrire une seule journée nous faisons la part de la météorologie qui la distingue et celle des faits qui la remplirent. Qu'on imagine seulement, contenue entre deux récits d'apparence autobiographique qui sont les plus beaux, les plus riches de tous les souvenirs d'enfance, une désolante histoire d'amour dont le malheureux et charmant M. Swann est le martyr ; et — à la manière indirecte d'un chœur antique ou comme certaines « bordures » de tableaux florentins qui complètent avec une précision différente, plus naïve mais indispensable, le sujet principal — la première et la troisième partie expliquant et précisant bien des faits de la partie centrale.

Dans ces trois parties et dans le domaine tour à tour objectif et subjectif où nous conduit M. Marcel Proust, ce qui au même point que le roman nous passionne, c'est l'analyse de tous les sentiments, de toutes les sensations, de tous les raisonnements même, de toutes les heures du jour, de tous les aspects de la nature, et cela presque simultanément car on devine que, pour l'auteur, l'invisible rejoint sans cesse le visible. Jamais, je crois, l'analyse de tout ce dont est composée notre existence ne fut poussée aussi loin. Pour trouver l'exemple d'une telle pénétration, peut-être pourrait-on citer Georges Meredith, certaines pages de l'Egoïste ou du Amazing Marnage ; mais la fréquente obscurité de Meredith nous déroute quelquefois, tandis que l'analyse de M. Proust, connaissant l'inconnaissable, expliquant l'inexplicable, est d'une telle clarté qu'elle fait songer à l'éther pur et bleu de certains jours d'été, lequel pour la sagacité des astronomes, qui en connaissent le miracle sans hasard et pour l'ignorance du public dominical qui en aime seulement le tiède velum apparent, est cette immensité dissemblablement accessible à tous : le ciel.

En outre, l'analyse poussée même beaucoup moins loin, ne va pas d'habitude sans une sécheresse involontaire ou voulue, une logique implacable et systématique, qui met le lecteur en garde à la fois contre soi-même et contre l'auteur. L'analyse de M. Proust est au contraire si parfaitement incorporée à une sensibilité prodigieuse qu'elles se confondent ensemble dans la tristesse comme dans l'ironie, sans qu'on puisse départir l'une de l'autre, et nous en arrivons à croire que son analyse déchaîne notre émotion et que sa sensibilité provoque notre rire, contrairement aux lois habituelles. Et bientôt nous comprenons que, pour certaines natures, analyse et sensibilité sont une seule et même chose, et que l'auteur de « Du côté de chez Swann », s'il n'a pas beaucoup pleuré et beaucoup ri lui-même (cela nous devons l'ignorer) a du moins bien souvent versé des larmes sur les tristesses d'une passion sans partage, sur les transports investigateurs et superstitieux d'une jalousie cruelle, que le hasard ou la confiance venaient lui révéler, bien souvent participé aux bonheurs ou aux gaietés d'autrui, avec plus d'intensité même que ces victimes et ces privilégiés, parce que, mieux qu'eux peut-être, il comprenait et devinait les plus secrètes causes, les plus ténus résultats de leurs malheurs ou de leurs joies.

Aussi sans contenir une seule ligne « moralisatrice », sans se draper sévèrement dans quelque doctrine, ni se targuer d'élévation d'âme, voici un livre qui renferme à chaque page, grâce à la plus aigue des perspicacités, les plus précieux conseils indirects sur ce que doivent faire, sur ce que doivent rechercher la noblesse de cœur et la doctrine, qui atteint à une extraordinaire grandeur morale (toujours par allusion et de biais), qui est enfin une perpétuelle leçon d'élégance — au sens le plus étymologique du mot — de sentiments.

Et après avoir montré le sens social de l'ouvrage et la nouveauté du style,
M. Lucien Daudet concluait par ses lignes prophétiques :

« Je n'ai jamais compris la docile et courante erreur d'optique intellectuelle qui consiste à ne témoigner une certaine qualité d'enthousiasme que rétrospectivement, à ceux qui ne sont plus, et refuse ce privilège sans restrictions à nos contemporains, surtout s'ils sont jeunes : crainte de se tromper, habitude, bien d'autres choses encore... Il est pourtant si simple de dire que plus tard, beaucoup plus tard, lorsqu'on parlera du livre de M. Marcel Proust, il apparaîtra comme une extraordinaire manifestation de l'intelligence au vingtième siècle.

A ce moment, « Du côté de chez Swann », aura pris sa place, tout naturellement près de ses égaux, aura rejoint des compagnons illustres, qui tous, sous une forme involontairement adoptée à leur époque respective, mais déjà rivés à la même chaîne immortelle, et attendant qu'ils les rejoignent, l'auront devancé dans le cours des âges ; car tout chef-d'œuvre est un grand précurseur, rassemblant par delà le temps, dans le gel noir de l'éternité, les autres chefs-d'œuvre à venir. »

De son côté M. Paul Souday dans « le Temps » consacrait à Proust son feuilleton du mercredi soir.

« M. Marcel Proust, bien connu des admirateurs de Ruskin pour ses remarquables traductions, de la *Bible d'Amiens* et de *Sésame et les Lys,* nous donne le premier volume d'un grand ouvrage original : *A la recherche du temps perdu,* qui en comprendra trois, au moins, puisque deux autres sont annoncés et doivent paraître l'an prochain. Le premier comporte déjà cinq cent vingt pages de texte serré. Quel est donc ce vaste et grave sujet qui entraîne de pareils développements? M. Marcel Proust embrasse-t-il dans son grand ouvrage l'histoire de l'humanité ou du moins celle d'un siècle? Non point. Il nous conte ses souvenirs d'enfance. Son enfance a donc été remplie par une foule d'événements extraordinaires? En aucune façon : il ne lui est rien arrivé de particulier. Des promenades de vacances, des jeux aux Champs-Élysées constituent le fond du récit. On dira que peu importe la matière et que tout l'intérêt d'un livre réside dans l'art de l'écrivain. C'est entendu. Cependant Horace a parlé sévèrement de certains cas où *materiam superabat opus* : et il y a lieu de craindre que le mot ne convienne aux cinq cent vingt premières pages de M. Marcel Proust, de qui l'on se demande combien il entasserait d'in-folios et remplirait de bibliothèques s'il venait à raconter toute sa vie.

D'autre part, ce volume si long ne se lit point aisément. Il est non seulement compact, mais souvent obscur. Cette obscurité, à vrai dire, tient moins à la profondeur de la pensée qu'à l'embarras de l'élocution. M. Marcel Proust use d'une écriture surchargée à plaisir, et certaines de ses périodes, incroyablement encombrées d'incidentes, rappellent la célèbre phrase du chapeau, dans laquelle M. Patin, en son vivant secrétaire perpétuel de l'Académie française, se surpassa pour la joie de plusieurs générations d'écoliers. M. Marcel Proust dira : « Ce doit être délicieux, soupira mon grand-père dans l'esprit de qui la nature avait malheureusement aussi complètement omis d'inclure la possibilité de s'intéresser passionnément aux coopératives suédoises ou à la composition des rôles de Maubant, qu'elle avait oublié de fournir celui des sœurs de ma grand'-mère du petit grain de sel qu'il faut ajouter soi-même, pour y trouver quelque saveur, à un récit sur la vie intime de Molé ou du comte de Paris. » Ou encore : « J'allais m'asseoir près de la pompe et de son auge, souvent ornée, comme un font gothique, d'une salamandre, qui sculptait sur la pierre fruste le relief mobile de son corps, allégorique et fuselé, sur le banc sans dossier ombragé d'un lilas, dans ce petit coin du jardin qui s'ouvrait par une porte de service sur la rue du Saint-Esprit et de la terre peu soignée de laquelle (?) s'élevait par deux degrés, en saillie de la maison, et comme une construction indépendante, l'arrière-cuisine ». J'ai choisi ces exemples parmi les plus courts.

Ajoutez que les incorrections pullulent, que les participes de M. Proust ont, comme disait un personnage de Labiche, un fichu caractère, en d'autres termes qu'ils s'accordent mal; que ses subjonctifs ne sont pas plus conciliants ni plus disciplinés, et ne savent même pas se défendre contre les audacieux empiétements de l'indicatif. Exemple : ... « Certains phénomènes de la nature se produisent assez lentement pour que... la sensation même du changement nous est (*sic*) épargnée. » Ou encore : « ...Quoiqu'elle ne lui eût pas caché sa surprise qu'il habitait (*sic*) ce quartier... » Le pauvre subjonctif est une des principales victimes de la crise du français; nombre d'auteurs, même réputés, n'en connaissent plus le maniement; des poètes joués dans les théâtres subventionnés et des critiques, en exercice confondent *fusse* avec *fus*, *eusse* avec *eus*, *bornât* avec *borna*, et hier même un de nos distingués confrères citait, pour s'en moquer comme d'un monument de cacographie, cette phrase du nouveau président du conseil, M. Doumergue, laquelle est irréprochable : « Je ne crois pas que l'honorable M. Barthou s'attendît à être renversé ». On ne se figure pas, à moins de les lire d'un bout à l'autre et avec attention, combien sont mal écrits la plupart des ouvrages nouveaux. Visiblement, les jeunes ne savent plus du tout le français. La décompose, se mue en un patois informe et glisse à la barbarie. Il serait temps de réagir. On souriait naguère des efforts d'un directeur de revue qui relevait sur épreuves tous les solécismes de ses collaborateurs. Ce n'était point, paraît-il, une sinécure. On commence à regretter ce courageux grammairien. Et l'on souhaiterait que chaque maison d'édition s'attachât comme correcteur quelque vieil universitaire ferré sur la syntaxe.

Cependant M. Marcel Proust a, sans aucun doute, beaucoup de talent. C'est précisément pourquoi l'on déplorera qu'il gâte de si beaux dons par tant d'erreurs esthétiques et grammaticales. Il a une imagination luxuriante, une sensibilité très fine, l'amour des paysages et des arts, un sens aiguisé de l'observation réaliste et volontiers caricaturale. Il y a, dans ses copieuses narrations, du Ruskin et du Dickens. Il est souvent embarrassé par un excès de richesse. Cette surabondance de menus faits, cette insistance à en proposer des explications se rencontrent fréquemment dans les romans anglais, où la sensation de la vie est produite par une sorte de cohabitation assidue avec les personnages. Français et Latins, nous préférons un procédé plus synthétique. Il nous semble que le gros volume de M. Marcel Proust n'est pas composé, et qu'il est aussi démesuré que chaotique, mais qu'il renferme des éléments précieux dont l'auteur aurait pu former un petit livre exquis.

Un enfant prodigieusement sensible a pour sa mère une adoration presque maladive. La solitude l'épouvante, et pour qu'il puisse au moins s'endormir, il faut que cette mère vienne l'embrasser dans son lit. Si elle ne peut ou ne veut venir, pour ne pas s'éloigner de ses invités, par exemple c'est un vrai drame, presque une agonie. « Une fois dans ma chambre, il fallut boucher toutes les issues, fermer les volets, creuser mon propre tombeau, en défaisant mes couvertures, revêtir le suaire de ma chemise de nuit... » Mais cette curieuse nature d'enfant n'est étudiée que dans quelques pages assez pathétiques. Il ne sera presque plus question par la suite de ces terreurs nocturnes ni de cette tendresse filiale impérieuse et éperdue. Mais d'autres souvenirs se pressent en foule, évoqués par la saveur d'une tasse de thé et d' « un de ces gâteaux courts et dodus appelés « petites madeleines », qui semblent avoir été moulés dans la valve rainurée d'une coquille de Saint-Jacques ». Ce goût était celui du petit morceau de madeleine que le dimanche, a Combray, la tante Léonie offrait au petit garçon, voilà bien des années. « La vue de la petite madeleine ne m'avait rien rappelé avant que je n'y eusse goûté... Les formes — et celle aussi du petit coquillage de pâtisserie, si grassement sensuel, sous son plissage sévère et dévot — s'étaient abolies ou, ensommeillées, avaient perdu la force d'expansion qui leur eût permis de rejoindre la conscience. Mais quand d'un passé ancien rien ne subsiste, après la mort des êtres, après la destruction des choses, seules, plus frêles mais plus vivaces, plus immatérielles, plus persistantes, plus fidèles, l'odeur et la saveur restent encore longtemps, comme des âmes, à se rappeler, à attendre, à espérer, sur la ruine de tout le reste, à porter sans fléchir, sur leur gouttelette presque impalpable, l'édifice immense du souvenir... Et comme dans ce jeu où les Japonais s'amusent à tremper dans un bol de porcelaine rempli d'eau de petits morceaux de papier jusque-là indistincts qui, à peine y sont-ils plongés, s'étirent, se contournent, se colorent, se différencient, deviennent des fleurs, des maisons, des personnages consistants et reconnaissables, de même maintenant toutes les fleurs de notre jardin et celles du parc de M. Swann, et les nymphéas de la Vivonne, et les bonnes gens du village et leurs petits logis et l'église et tout Combray et ses environs, tout cela qui prend force et solidité est sorti, ville et jardins, de ma tasse de thé. »

Ce n'est pas un cas d'association d'idées, ni même d'images, mais d'impressions purement sensorielles. Et M. Marcel Proust, comme tant d'autres écrivains contemporains, est avant tout un impressionniste. Mais il se distingue de beaucoup d'autres en ce qu'il n'est pas uniquement ni même principalement un visuel, mais un nerveux, un sensuel, et un rêveur. Sa tendance méditative lui joue parfois de mauvais tours. Il s'attarde en songeries infinies sur le caractère et sur la destinée d'êtres

fort insignifiants, une vieille tante maniaque, férue de pepsine et d'eau
de Vichy, une vieille bonne machiavélique et dévouée, un vieux curé
ennemi des vitraux anciens et dépourvu de tout sentiment artistique.
Quelques lignes auraient suffi pour croquer ces silhouettes. Certains
épisodes troubles n'ont pas l'excuse d'être nécessaires. Que de coupes
sombres M. Proust aurait pu avantageusement pratiquer dans ses cinq
cents pages ! Mais il y a de bien jolies descriptions qui ne se bornent
presque jamais au rendu matériel et que magnifie le plus souvent une
inspiration d'esthète ou de poète. « La haie (d'aubépines) formait comme
une suite de chapelles qui disparaissaient sous la jonchée de leurs fleurs
amoncelées en reposoir; au-dessous d'elles, le soleil posait à terre un
quadrillage de clarté, comme s'il venait de traverser une verrière; leur
parfum s'étendait aussi onctueux, aussi délimité en sa forme que si
j'eusse été devant l'autel de la Vierge, et les fleurs, aussi parées, tenaient
chacune d'un air distrait son étincelant bouquet d'étamines, fines et
rayonnantes nervures de style flamboyant comme celles qui à l'église
ajouraient la rampe du jubé ou les meneaux du vitrail et qui s'épanouis-
saient en blanche chair de fleur de fraisier. » Et cela est éminemment
ruskinien. On aimera aussi les surprises et les émotions de l'enfant lorsqu'il voit pour la première fois en chair et en os la duchesse de Guermantes. dont la famille descend de Geneviève de Brabant, et qu'il s'était
représentée jusque-là « avec les couleurs d'une tapisserie ou d'un vitrail,
dans un autre siècle, d'une autre matière que les personnes vivantes ».

Et voici l'explication du titre particulier à ce premier volume : « Il y
avait autour de Combray (la petite ville où l'enfant et ses parents passent
les vacances) deux côtés pour les promenades, et si opposés qu'on ne
sortait pas en effet de chez nous par la même porte, quand on voulait
aller d'un côté ou de l'autre : le côté de Méséglise-la-Vineuse, qu'on appelait aussi le côté de chez Swann parce qu'on passait devant la propriété
de M. Swann pour aller par là, et le côté de Guermantes... Le côté de
Méséglise avec ses lilas, ses aubépines, ses bluets, ses coquelicots, ses
pommiers, le côté de Guermantes avec sa rivière à têtards, ses nymphéas
et ses boutons d'or, ont constitué à tout jamais pour moi la figure des
pays où j'aimerais vivre... » Mais après deux cents pages consacrées à
ces souvenirs et aux anecdotes sur le grand-père, la grand'mère, les grand'
tantes et les servantes, nous nous engageons décidément un peu trop
« du côté de chez Swann » : un énorme épisode, occupant la bonne moitié
du volume et rempli non plus d'impressions d'enfance, mais de faits que
l'enfant ignorait en majeure partie et qui ont dû être reconstitués plus
tard, nous expose minutieusement l'amour de ce M. Swann, fils d'agent
de change, riche et très mondain, ami du comte de Paris et du prince

de Galles, pour une femme galante dont il ne connaît pas le passé et qu'il croit longtemps vertueuse, avec une naïveté invraisemblable chez un Parisien de cette envergure. Elle le trompe, le torture et finalement se fera épouser. Ce n'est pas positivement ennuyeux, mais un peu banal, malgré un certain abus de crudités, et malgré l'idée qu'a Swann de comparer cette maîtresse à la Séphora de Botticelli qui est à la chapelle sixtine. Et que d'épisodes dans cet épisode ! Quelle foule de comparses, étalées avec une minutie et une prolixité excessives ! Enfin la dernière partie nous montre le jeune héros de l'histoire follement amoureux de sa petite camarade des Champs-Élysées, Gilberte, la fille de M. Swann (que les parents du petit garçon ne voient plus, depuis son absurde mariage). C'est que, je pense, l'amorce du tome qui va suivre et qu'on attend avec sympathie, avec l'espoir aussi d'y découvrir un peu plus d'ordre, de brièveté, et un style plus châtié. On goûtera la conclusion mélancolique du présent volume : une flânerie de l'auteur adulte, vingt ans après, au bois de Boulogne, où il ne retrouve rien de ce qui l'avait tant charmé jadis. Il a la nostalgie des attelages et des élégances anciennes les automobiles et les robes entravées lui font horreur. « La réalité que j'avais connue n'existait plus... Le souvenir d'une certaine image n'est que le regret d'un certain instant ; et les maisons, les routes, les avenues, sont fugitives, hélas ! comme les années. »

En 1919, ayant obtenu le prix Goncourt, Proust eut alors à subir l'ironie de la plupart des lettrés, qui criaient au scandale et Pierre Lasserre dans « La Revue Universelle » donnait sinon la note juste, du moins celle qui reflétait l'opinion de tous les lecteurs, sauf ceux de « La Nouvelle Revue française ».

Avez-vous lu, cher monsieur, le livre de M. Marcel Proust que je reçois à l'instant du libraire et dont on dit tant de bien? Il faut convenir que le titre ou plutôt les titres, car il y en a deux, en sont charmants et pleins de promesses. *A la recherche du temps perdu* ! Quelle idée fine et originale ! et comme elle nous donne à pressentir une subtile psychologie, adroite à saisir l'insaisissable et à fixer les plus fugitives nuances de l'âme ! *A l'ombre des jeunes filles en fleurs* ! Quelle image délicieuse ! Méditant sous un tel ombrage, M. Marcel Proust a dû former des pensées d'une grâce et d'une délicatesse infinies...

Je vous ai laissé dire, chère madame, parce que je suis bien élevé dans la conversation et peut-être même n'ai-je pas su me défendre, devant des propos si chaleureux de grommeler quelque acquiescement. Mais je suis mal élevé dans la critique et ravi de penser que cet article vous apprendra combien je vous trouvais *in petto* le goût mauvais ainsi qu'à la couverture deux fois historiée du livre de M. Proust. Sans aucun doute, ce temps perdu qu'on recherche, et ces arbres qui sont des demoiselles à l'ombre desquelles un esthète pensif vient s'asseoir pour y accomplir ses précieuses opérations mentales, mériteraient d'être inscrits dans les bons traités de littérature, à la suite de tous les exemples de mièvrerie, manière, euphuisme, affectation, fausse grâce et fadeur que l'auteur des *Femmes savantes* a rendus classiques.

J'aurais, pour ma part, été fort surpris qu'un écrivain aussi mal inspiré dans l'enseigne dont il lui a plu d'adorner son œuvre eût été bien inspiré dans son œuvre même. Il ne l'a point été, en effet. Soyons juste. Il ne l'a été que très partiellement. Mais ce qui est curieux, c'est la différence considérable entre ce que cette œuvre nous apporte et ce que l'enseigne dont elle se pare nous ferait présager. On se fût attendu à voir l'auteur égrener complaisamment, je ne dirai pas des idées poétiques, mais des gentillesses, galanteries, pointes, fioritures et madrigaux susceptibles d'en tenir la place et même de la tenir avantageusement auprès des nombreuses personnes qui, en littérature, ont plus de goût pour les roses en papier peint que pour les roses naturelles. Ce n'est pas du tout ce qui arrive. M. Proust est le plus fallacieux des hommes. Il fait espérer à notre esprit de faciles plaisirs. Et que lui ménage-t-il en réalité? Des exercices sévères. Qui croirait que le livre qui ressemble le plus à un livre qui s'appelle *A l'ombre des jeunes filles en fleur* soit l'*Éthique* de Spinoza? Qui croirait que ce qui a poussé à cette ombre, ce soit une plantation de raisonnements, inductions, définitions, analyses, théorèmes, corollaires, femmes et scolies, plus denses, plus compacts, plus imbriqués et enchevêtrés les uns dans les autres que tout ce qu'on en voit dans le texte, déjà redoutable, de Spinoza?

Il est vrai que Spinoza et M. Proust traitent de matières bien différentes. Le premier nous parle de l'existence et des attributs de Dieu, de l'ordre général de l'univers, des relations de l'âme et du corps, de la nature du bien et du mal, des fins suprêmes de l'homme. Pour les sujets favoris de M. Proust, on s'en formera un aperçu d'après les suivants : le temps qu'il fait et les impressions que M. Proust en a éprouvées, particulièrement quand le temps n'avait rien de remarquable; les personnes qu'il a rencontrées à la promenade et ce qu'il en a pensé, particulièrement quand ces personnes lui étaient inconnues; les actes rituels qui composent la journée des hommes élégants aux bains de mer et les idées qui lui viennent quand il les accomplit, notamment quand il met son habit le soir et que « son esprit habite la surface du corps qu'il va habiller pour tâcher de paraître le plus plaisant possible aux femmes qui le dévisage-

ront dans le restaurant illuminé »; le style du pantalon de M. le baron
de Charlus et la sobre et savante harmonie qu'il forme avec les chaussettes; la merveilleuse aisance, possible seulement pour un homme de
vieille race, avec laquelle M. le comte de Saint-Loup sut, d'un seul et
unique geste, prendre ses cheveux en main et décacheter une lettre;
les mœurs, les attitudes et la philosophie des domestiques de l'hôtel
et spécialement la curieuse ignorance de bien des personnes au sujet de
celui qui pilote l'ascenseur et qu'elles ne savent pas s'appeler le « lift »,
à moins qu'elles ne le sachent, mais en croyant qu'il faut prononcer le
« laïft »...

Je m'empresse de dire (et j'y insisterai plus loin) que M. Proust n'est
pas sans aborder quelques autres matières plus substantielles que celles-
là et d'un intérêt plus sensible pour le commun des mortels, qui, comme
moi-même avant que je l'eusse lu, ne savent pas ce que c'est que le lift.
Mais si je cite de préférence celles-là qui occupent d'ailleurs dans son
ouvrage une place très importante, c'est qu'elles sembleraient appeler
moins encore que les autres la méthode dont il use pour en disserter et
font, par conséquent, ressortir dans tout son relief l'application de cette
méthode. M. Proust applique à la question du pantalon de M. de Charlus
un procédé d'analyse dialectique, de construction idéologique et de didac-
tisme professoral en comparaison de quoi l'appareil géométrique de
l'exposition spinoziste ferait presque l'effet d'un impressionisme superficiel. De telle sorte que, si l'on voulait user à son égard du système de
définition littéraire, pratiqué jadis à l'École normale par le professeur
De La Coulonche, on dirait que M. Proust, c'est Spinoza qui marivaude
et que la littérature de M. Proust est la scolastique du marivaudage.

« Je vis qu'il avait changé de costume. Celui qu'il portait était encore
« plus sombre; et sans doute, c'est que la véritable élégance est moins
« loin de la simplicité que la fausse; mais il y avait autre chose : d'un
« peu près on sentait que si la couleur était presque entièrement absente
« de ces vêtements, ce n'était pas parce que celui qui l'en avait bannie
« y était indifférent, mais plutôt parce que pour une raison quelconque
« il se l'interdisait. Et la sobriété qu'ils laissaient paraître semblait de
« celles qui viennent de l'obéissance à 'un régime, plutôt que du manque
« de gourmandise. Un filet de vert sombre s'harmonisait, dans le tissu
« du pantalon, à la rayure des chaussettes avec un raffinement qui déce-
« lait la vivacité d'un goût maté partout ailleurs et à qui cette seule
« concession avait été faite par tolérance, tandis qu'une tache rouge sur
« la cravate était imperceptible comme une liberté qu'on n'ose
prendre. »

Si un véritable professeur est celui qui ne se préoccupe pas d'être léger, mais de raisonner et d'expliquer pertinemment les choses, nous pouvons appeler M. Proust un professeur d'élégance. Impossible de parler habits d'une manière plus consciencieusement déductive et en bannissant davantage un frivole souci de légèreté.

Cette attention démonstrative, ce luxe de préoccupations intellectuelles sont constants chez notre auteur et jusque dans des occasions où il lui faut un véritable ascétisme pour les observer, ainsi quand il rencontre sur la plage certain essaim de petites bicyclistes qui n'ont pas l'air trop farouche et qui lui inspirent au passage, une particulièrement, de tendres rêveries. C'est là un mouvement de l'âme assez naturel quand on est jeune, naturel, encore, hélas ! quand on ne l'est plus, et que l'on peut avoir éprouvé, sans qu'on fût dialecticien. Mais la dialectique innée de M. Proust ne permet pas qu'il s'y abandonne sans s'être assuré, en remontant de principe en principe jusqu'aux altimes principes de la question, que la nature des choses et les données du raisonnement rendent compte de ses élans d'imagination amoureuse, les justifient et les autorisent.

Tout d'abord, les apparences de cette gentille enfant ne sont pas celles d'un corps inorganique, mais d'un corps vivant :

« Si nous pensions que les yeux d'une telle fille ne sont qu'une bril-
« lante rondelle de mica, nous ne serions pas avides de connaître et d'unir
« à nous sa vie. »

Hypothèse à écarter de toute évidence. La fillette appartient à la classe des êtres animés.

« Mais nous sentons que ce qui luit dans ce disque réfléchissant (péri-
« phrase pour « l'œil ») n'est pas dû uniquement à sa composition maté-
« rielle... »

Parmi les êtres animés, à la catégorie des êtres qui pensent :

« Que ce sont, inconnues de nous, les noires ombres des idées que
« cet être se fait, relativement aux gens et aux lieux qu'il connaît, pelouses
« des hippodromes, sable des chemins où, pédalant à travers champs et
« bois, m'eût entraîné cette petite péri plus séduisante pour moi que
« celle du paradis persan, les ombres aussi de la maison où elle rentre,
« des projets qu'elle forme et qu'on a formés pour elle, etc. »

Puisque cet aimable objet est, comme eût dit Descartes, « pensant » et que, d'autre part, ni les mœurs honnêtes de M. Proust, ni ses habitudes de méditation prolongée ne s'accommoderaient de quelque projet de rapt ou de violence, il suit rigoureusement de là que les charmants incidents que ce philosophe aimerait voir naître entre la petite pédaleuse et lui-même supposeraient l'intervention d'un préalable accord entre leurs pensées respectives au sujet de cette éventualité. Ce qui est exprimé de la sorte :

« Je savais bien que je ne posséderais pas cette jeune cycliste si je « ne possédais *aussi* ce qu'il y avait dans ses yeux... »

Manière de dire un peu exagérée. Car il nous a été montré dans les yeux de la jeune cycliste tout un paysage comprenant notamment les « pelouses des hippodromes » (M. Proust a voulu probablement dire : des vélodromes) familiers à sa mémoire imaginative. Et ce serait une beaucoup trop bonne affaire que la possession d'une cycliste jeune et jolie entraînant par-dessus le marché l'acquisition gratuite du terrain où elle cultive son sport.

Ayant ainsi assuré les bases philosophiques de son sentiment, l'écrivain s'abandonne au lyrisme, mais à un lyrisme où l'analyste se perd pas ses droits :

« Et c'était par conséquent toute sa vie qui m'inspirait du désir; « désir douloureux, parce que je le sentais irréalisable, mais enivrant, « parce que *ce qui avait été jusque-là ma vie ayant brusquement cessé d'être* « *ma vie totale, n'étant plus qu'une petite partie de l'espace étendu devant* « *moi que je brûlais de couvrir, et qui était fait de la vie de ces jeunes filles* « *m'offrait ce prolongement, cette multiplication possible de soi-même, qui* « *est le bonheur.* »

Même enlevé au souffle du rêve, M. Proust définit et définit encore. Malheureusement, ses définitions ne sont pas très claires.

J'ai choisi cette page au hasard entre trois cents environ (sur les cinq cents pages de texte prodigieusement serré qui composent le livre de M. Proust), dont l'analyse eût révélé invariablement un procédé tout pareil, donné des résultats identiques. Ses fervents (il doit en avoir, puisqu'il en est à sa vingt-septième édition) me diront sans doute que cette analyse est bien brutale par rapport à la subtile délicatesse de l'objet auquel elle est appliquée; ils me diront que l'auteur des *Jeunes filles en fleur* est un fantaisiste et sa fantaisie un papillon capricieux dont j'écrase

les ailes sous mes doigts lourds, ou bien encore une fleur élancée dont
j'ai beau jeu à nier la grâce après que je l'ai coupée en morceaux, comme
un anatomiste à qui échappe le fin du fin. Pour que cette littérature qui
n'est pas bonne et qui est d'ailleurs exempte de tout appât vulgaire,
obtienne tant de succès, il faut bien qu'il circule par le monde un mythe
transfigurateur qui la représente sous des traits vaporeux et séduisants.
Ce doit être un mythe de cette sorte. Dans le genre littéraire que M. Proust
s'est avisé de cultiver, on ne pourrait réussir, en effet, qu'au prix d'une
extraordinaire, d'une étourdissante fantaisie. C'est cette qualité qu'on
lui prête parce que c'est celle qu'il aurait normalement dû posséder. A
mon sens, il n'en est point qui lui fasse plus profondément défaut. Sa
littérature ne ressemble ni à la fleur ni au papillon. Je la comparerais
plutôt à une mécanique artificiellement combinée et montée. Dans cette
mécanique, M. Proust verse, je le reconnais, beaucoup d'huile. Mais par
un effet paradoxalement contraire à l'habituelle vertu de ce liquide
onctueux, l'appareil de rouages et de ressorts mis en jeu dans chaque
page, chaque phrase de M. Proust n'en est rendu que plus grinçant.

Rien de plus caractéristique à cet égard que ses comparaisons. Entre
toutes les figures de style, celle-ci lui est la plus chère. On peut dire qu'il
ne nous en fait jamais grâce. Je serais fort surpris qu'on pût me citer
dans toute son œuvre quinze lignes seulement qui ne continssent pas
une comparaison développée sous tous ses aspects et épuisée, si j'ose
ainsi dire, jusqu'à la dernière goutte. A l'en croire, c'est chez lui un tour
d'esprit :

« Et je plaignais un peu tous les dîneurs parce que je sentais que pour
« eux les tables rondes n'étaient pas des planètes et qu'ils n'avaient pas
« pratiqué dans les choses un sectionnement qui nous débarrasse de
« leur apparence coutumière et nous permet d'apercevoir des analogies. »

Tous les bons auteurs nous enseignent que le premier mérite d'une
comparaison est d'être exacte et naturelle. M. Proust va chercher les
siennes dans la lune; aussi sont-elles tout étonnées de se trouver à la
place où il les met :

« Ces jeunes filles ne pouvaient voir un obstacle sans s'amuser à le
« franchir en prenant leur élan ou à pieds joints, parce qu'elles étaient
« toutes remplies, exubérantes, de cette jeunesse qu'on a si grand besoin
« de dépenser que, même quand on est triste ou souffrant, obéissant
« plus aux nécessités de l'âge qu'à l'humeur de la journée, on ne laisse
« jamais passer une occasion de saut ou de glissade sans s'y livrer con-

« sciencieusement, interrompant, semant sa marche lente — comme
« Chopin la phrase la plus mélancolique — de gracieux détours où le
« caprice se mêle à la virtuosité. »

Vous seriez-vous attendu à rencontrer Chopin en cette affaire? Et
tout ça est-il assez tarabiscoté ! Voici mieux encore :

« Sans la timidité ni la tristesse du soir de mon arrivée, je connus
« le *lift* qui ne restait plus silencieux pendant que je m'élevais à côté
« de lui dans l'ascenseur, comme dans une cage thoracique mobile qui
« se fût déplacée le long de la colonne montante. »

Le rapprochement est lumineux si l'on admet : 1º qu'il y a des personnes qui ont la colonne vertébrale beaucoup plus longue que la cage
thoracique et que celle-ci en profite pour s'amuser à descendre et à monter
le long des vertèbres; 2º que les mouvements de la respiration ont quelquefois le bon vouloir de s'arrêter, à seule fin de laisser prendre aux
parois du thorax la rigidité d'une cage d'ascenseur. C'est l'application de
la méthode bien connue : « Supposons que tu t'appelles *yau de poêle...* »
La plupart des comparaisons de M. Proust nécessiteraient, pour se faire
accepter, cet amorçage laborieux. Je dois convenir d'ailleurs qu'il en a
de plus directes, ainsi :

« Comme Françoise (la cuisinière) attachait une importance extrême
« à la qualité intrinsèque des matériaux qui devaient entrer dans la
« fabrication de son œuvre, elle allait elle-même aux Halles se faire
« donner les plus beaux carrés de rumsteck, de jarret de bœuf, de pied
« de veau, comme Michel-Ange passant huit mois dans les montagnes
« de Carrare à choisir le bloc de marbre le plus parfait pour le monument
« de Julles II. »

Ce serait déjà très lourd comme comique de séminaire. Du marbre
et du veau ! Une cuisinière et Michel-Ange ! M. Proust se force, ce qui
n'engendre jamais la grâce, mais a parfois de plus déplorables effets encore.
A propos de je ne sais plus quels souvenirs d'une de ces maisons que fré-
quentent les désœuvrés de l'amour et que l'on ne peut placer au rang des
sujets intéressants pour la littérature que si l'on n'a, comme lui, aucune
imagination, il veut à tout prix dire quelque chose de rare et de fin sur
les maisons de rendez-vous, et il se travaille héroïquement pour y parvenir. Voici le résultat :

« Les maisons de rendez-vous que je fréquentai quelques années plus
« tard, — en me fournissant des échantillons du bonheur, en me permet-
« tant d'ajouter à la beauté des femmes cet élément que nous ne pou-
« vons inventer, qui n'est pas que le résumé des beautés anciennes, le
« présent vraiment divin, le seul que nous ne puissions recevoir de nous-
« même, devant lequel expirent toutes les récréations logiques de notre
« intelligence et que nous ne pouvons demander qu'à la féalité : un
« charme individuel, — méritèrent d'être classées par moi à côté de
« ces autres bienfaiteurs d'origine plus récente mais d'utilité analogue
« (avant lesquels nous imaginions sans ardeur la séduction de Mantegna,
« de Wagner, de Sienne, d'après d'autres peintres, d'autres musiciens,
« d'autres villes) : les éditions d'histoire de la peinture illustrées, les
« concerts symphoniques et les études sur les « Villes d'art. »

N'allez pas, bonnes gens, prendre là-dessus M. Proust pour un raffiné
d'immoralité. Plût aux dieux qu'il le fût ! Il aurait au moins à sa façon
un peu de nature, un peu d'accent, un peu de passion, de sensation, de
vie. Et voilà ce qui lui fait cruellement défaut. Tout chez lui est concerté.
D'impressions vives, personnelles, originales, colorées, qui valussent la
peine d'être écrites, il n'en a point. Il veut cependant écrire des impressions. Placé dès lors devant le problème de l'omelette sans œufs, M. Proust
fait de l'*ersatz*. La qualité d'inspiration et de feu d'esprit qui lui serait
nécessaire pour briller dans le genre littéraire de son choix, il en fabrique
le simili au moyen d'une espèce de cuisine intellectuelle.

« Parfois, comme la voiture gravissait une route montante entre des
« terres labourées, rendant les champs *plus réels*, leur ajoutant *une*
« *marque d'authenticité*, comme la précieuse fleurette dont certains maîtres
« anciens signaient leurs tableaux, quelques bleuets *hésitants* pareils à
« ceux de Combray suivaient notre voiture. Bientôt nos chevaux le
« distançaient, mais après quelques pas, nous en apercevions un autre
« qui en nous attendant avait piqué devant nous dans l'herbe son étoile
« bleue; *plusieurs s'enhardissaient jusqu'à venir se poser au bord de la*
« *route* et c'était toute une nébuleuse qui se formait avec mes souvenirs
« lointains et les fleurs apprivoisées. »

Cuisine, disais-je. Encore la sauce est-elle mal liée. Ces « champs »
qui sont abstraits et ces « fleurs apprivoisées » qui forment la plus mièvre
image, comme cela est composite, fait péniblement, dénué de fraîcheur !
Ah ! c'est un écrivain appliqué que M. Proust. Il n'est pas de la plate
école de M. Jourdain qui, pour dire à Nicole de lui apporter ses pantoufles,

disait : « Nicole, apportez-moi mes pantoufles ! » ni de celle de Montaigne
qui voulait que le style fût « tel sur le papier qu'à la bouche ». M. Jourdain
et Montaigne ne faisait que de la prose, au lieu que M. Proust fait de la
littérature, ce qui est bien différent et demande d'autres apprêts, quoique
ce soit d'ailleurs beaucoup plus facile.

« Mais peut-être, en espérant qu'un jour, plus libre, je pourrais trouver
« sur d'autres routes de semblables filles, je commençais déjà à *fausser*
« *ce qu'a d'exclusivement individuel le désir de vivre auprès d'une femme*
« qu'on a trouvé jolie, et du seul fait que j'admettais la possibilité de le
« faire naître artificiellement, j'en avais implicitement reconnu l'illusion. »

Le sens est, je pense, le suivant : « Je m'apercevais qu'il y en avait
tant qui me plaisaient que je revenais de l'erreur de croire qu'il n'y en a
qu'une qui puisse nous rendre heureux ». Mais il saute aux yeux que
« fausser ce qu'a d'exclusivement individuel » est plus savant et plus
distingué, et c'est là une impression si avantageuse à produire qu'elle
vaut bien un peu de charabia.

Oh ! je sais bien ! je sais bien ! C'est de l'humour ! Je n'entends rien
à M. Proust par ce que j'ignore les humoristes anglais dont il procède
et qu'il faut comprendre les beautés de l'humour anglo-saxon pour **être**
sensible aux râces et aux finesses de M. Proust et en saisir le secret.

Veuillez croire que je m'étais aperçu du rapport. Mais ce rapport est-il
de telle nature qu'il puisse couvrir M. Proust contre nos critiques? Il est
très intéressant de savoir que du linge a été blanchi à Londres, mais il
n'est pas sans intérêt de savoir s'il y a été bien blanchi. La lignée des
humoristes anglais comprend des esprits supérieurs, dont le premier
demeure (autant que ma médiocre connaissance de leur littérature me
permet de le dire) le délicieux Sterne; elle comprend nécessairement une
foule de non-valeurs. Il y a le génie du genre, qui en anime et en fait
étinceler la forme et les procédés, très éloignés d'ailleurs des plus profondes habitudes d'un esprit latin. Et il y a la forme et les procédés qui,
pratiqués sans génie, offrent, sous une plume anglaise, quelque chose de
tout spécialement niais, fade et puéril. Considéré dans sa forme et son
apparence, le genre de l'humour a pour caractères la divagation psychologique (je ne prends pas le mot dans un sens défavorable), la dispropor-
tion logique et le paradoxe sentimental. L'esprit court, voltige d'objet
en objet, d'idée en idée, au gré de l'impression, du caprice et sans se
soucier du lien des choses, mais non sans mettre une malice cachée et
une philosophie subtile dans ce décousu spécieux. Il traite chaque objet
au rebours de son importance réelle, ou, si l'on veut, banale, **soufflant**

sur la chute d'un empire comme si c'était la chute d'une feuille et consa-
crant des réflexions et dissertations approfondies à la couleur d'un chapeau. Il trouve dans les grands chagrins de la vie matière à rire et dans
les désagréments auxquels one ne fait même pas attention, des tragédies
noires. Il est clair que ce jeu ne peut être agréable ou seulement suppor-
table que s'il est mené avec une espèce de folie et de délire lucide, qu'il
y faut, sous les dehors d'un flegme auquel tient une partie essentielle de
l'effet, un secret endiablement et qu'enfin l'impression que nous donne
l'humour est désolante d'agacement ou d'ennui si elle n'est pas une
impression de vertige. Combien M. Proust manque de vertige ! Et là
où il faudrait être fou, comme il est sage ! Je trouve chez lui tous les
procédés intellectuels de l'humour, appliqués scrupuleusement, ingé-
nieusement peut-être, mais à froid. Le diable n'est pour rien dans son
affaire. Sa « divagation » systématique n'a rien d'un vagabondage. C'est
un homme, un esprit très rassis. Je crois discerner, à travers son livre,
une âme bourgeoise très posée, très prudente, sans aucune violence, sans
aucun pittoresque dans les réactions. De telle sorte que ce qui le rappro-
cherait de Sterne, ce ne serait pas tant une communauté vivante d'inspiration qu'un certain maniérisme imitateur. C'est ce qu'on appelle vulgai-
rement un snobisme. M. Marcel Proust est le snob de l'humour. Et
comme il est en même temps le snob de l'analyse psychologique hyper-
raffinée, telle qu'elle fleurissait vers 1890, ainsi que le snob de l'impressionisme descriptif à tout propos, sans parler du botticellisme ou préra-
phaélisme empreint au titre de son livre, la conjonction de tous ces sno-
bismes, fort éloignés de sa vraie nature, ont fait de lui l'écrivain le plus
empesé de son temps.

Sa nature? J'ai dit qu'il n'en avait pas. Entendons-nous. Il n'a pas
celle d'un genre qu'il cultive malgré Minerve et où je viens de le montrer
à l'œuvre. Mais il a celle d'un autre genre dans lequel il est amené à
écrire par la qualité de certains sujets qui se présentent sous sa plume
au cours de son ouvrage sans sujet et qui sont plus faits pour lui que les
autres. Là il vaut bien mieux. Je suis heureux d'en arriver à ce chapitre.
M. Proust nous parle beaucoup du lift de l'hôtel, du chic de M. de Charlus
et des sensations d'esthète de Marcel Proust devant les arbres ou des
fleurs qu'il voit mal et des jeunes filles dont l'image s'évanouit aux
vapeurs de ses considérations. Mais il nous parle d'autre chose. Par
exemple, de littérature.

« Mme de Villeparisis, interrogée par moi sur Chateaubriand, sur
« Balzac, sur Victor Hugo, tous reçus jadis par ses parents et entrevus
« par elle-même, riait de mon admiration, racontait sur eux des traits

« piquants comme elle venait de faire sur des grands seigneurs ou des
« hommes politiques, et jugeait sévèrement ces écrivains, précisément
« parce qu'ils avaient manqué de cette modestie, de cet effacement de
« soi, de cet art sobre *qui se contente d'un seul trait juste et n'appuie pas*,
« qui fuit plus que tout le ridicule de la grandiloquence, de cet à-propos,
« de ces qualités de modération de jugement et de simplicité, auxquelles
« on lui avait appris qu'atteint la vraie valeur : on voyait qu'elle n'hési-
« tait pas à leur préférer des hommes qui, peut-être, en effet, avaient eu,
« à cause d'elles, l'avantage sur un Balzac, un Hugo, un Vigny, dans
« un salon, une académie, un conseil des ministres, Molé, Fontanes,
« Vitrolles, Bersot, Pasquier, Lebrun, Salvandy ou Daru. »

Mme de Villeparisis a très bien lu et digéré son Sainte-Beuve. Mais
c'est une excellente lecture. Et voyez comme sur une matière plus en
rapport avec le sérieux bourgeois, judicieux et pondéré de son esprit
que le chic de M. de Charlus ou les évanescences nuancées du soleil couchant sur les meubles de la chambre de l'écrivain, voyez, dis-je, comme
M. Proust sans encore écrire à ravir, écrit tout de suite mieux que M.
Proust.

Plus que les sages propos de M. Proust sur la littérature, j'apprécie
ses sentences de moraliste, là où il consent à voir les choses, non par
quelque biais cherché et bizarre, mais simplement, directement, d'accord
avec sa solidité et je dirais presque sa gravité d'honnête homme et à les
exprimer sans affectation et sans rarabiscotage. Il a dans cet ordre des
pages excellentes :

« Si on a autant de surprises qu'à visiter une maison d'apparence
« quelconque dont l'intérieur est rempli de trésors, de pinces-monsei-
« gneur et de cadavres, quand on découvre la vraie vie des autres, l'uni-
« vers réel sous l'univers apparent, on n'en éprouve pas moins si au lieu
« de l'image qu'on s'était faite de soi-même grâce à ce que chacun nous
« en disait, on apprend par le langage qu'ils tiennent à notre égard en
« notre absence, quelle image entièrement différente ils portaient en
« eux de nous et de notre vie. De sorte que chaque fois que nous avons
« parlé de nous, nous pouvons être sûrs que nos inoffensives et prudentes
« paroles, écoutées avec une politesse apparente et une hypocrite appro-
« bation ont donné lieu aux commentaires les plus exaspérés ou les plus
« joyeux, en tout cas les moins favorables. »

C'est un peu appuyé, mais c'est bon. Et voici qui n'est pas mauvais
non plus :

« Chez le solitaire, la claustration même absolue et durant jusqu'à
« la fin de la vie, a souvent pour principe un amour déréglé de la foule
« qui l'emporte tellement sur tout autre sentiment, que, ne pouvant
« obtenir quand il sort l'admiration de la concierge, des passants, du
« cocher arrêté, il préfère n'être jamais vu d'eux, et pour cela renoncer
« à toute activité qui rendrait nécessaire de sortir. »

Voilà des définitions morales sûres, poussées, denses et piquantes à
la fois comme M. Proust en rencontre aisément toutes les fois qu'il ne
marivaude point. Et il y a aussi chez lui un peintre de portraits qui sait
être très bon. Le meilleur de ses personnages (dont plusieurs, tel celui
de l'écrivain Bergotte, n'ont pas réussi à venir sous le pinceau) est le
comte de Saint-Loup, jeune officier de haute naissance qui, par une application mal entendue sans doute, mais touchante et gracieuse, de sa rare
délicatesse d'âme et de sa bonté de cœur, a rejeté les principes de son
origine, répudié moralement son milieu social et imaginé qu'il trouverait
aux antipodes, dans une société de libres artistes, de comédiens effrontés
et de bohèmes anarchisants, la fleur de l'honnêteté humaine et des sentiments purs. Bien souvent il est payé de sa générosité par des insolences
et de brutales rebuffades auxquelles il ne veut pas faire attention par
scrupule d'abuser de l'écrasante force de réplique que ses manières natives
lui donneraient contre ces gens-là et parce qu'il est hanté de l'idée d'une
injustice permanente et générale qui sévit à leur détriment et qu'il doit
réparer par sa façon d'être, autant qu'il dépend de lui. Tout cela est très
bien touché par M. Proust et cette psychologie prête beaucoup de sens
au récit qu'il fait de la liaison agitée et malheureuse de Saint-Loup avec
une petite actrice qui le dupe et le gruge.

« Elle avait commencé un beau jour à le trouver bête et ridicule
« parce que les amis qu'elle avait parmi de jeunes auteurs et acteurs
« lui avaient assuré qu'il l'était, et elle répétait à son tour ce qu'ils
« avaient dit avec cette passion, cette absence de réserves qu'on montre
« chaque fois qu'on reçoit du dehors et qu'on adopte des opinions ou
« des usages qu'on ignorait entièrement. Elle professait volontiers,
« comme ces comédiens, qu'entre elle et Saint-Loup le fossé était infran-
« chissable, parce qu'ils étaient d'une autre race, qu'elle était une intel-
« lectuelle et que lui, quoi qu'il prétendît, était, de naissance, un ennemi
« de l'intelligence. Cette vue lui semblait profonde et elle en cherchait
« la vérification dans les paroles les plus insignifiantes, les moindres
« gestes de son amant. Mais quand les mêmes amis l'eurent en outre
« convaincue qu'elle détruisait dans une compagnie aussi peu faite

« pour elle les grandes espérances qu'elle avait, disaient-ils, données,
« que son amant finirait par déteindre sur elle, qu'à vivre avec lui, elle
« gâchait son avenir d'artiste, à son mépris pour Saint-Loup s'ajouta la
« même haine que s'il s'était obstiné à vouloir lui inoculer une maladie
« mortelle. »

Les mœurs, voilà le véritable domaine de M. Proust, les mœurs conçues,
non comme objet de satire ou thème à des variations fantaisistes et à des
paradoxes amusants, mais comme matière d'étude philosophique et
d'observation pesée. La légèreté, la facilité, la grâce ne sont pas les
dons de cet écrivain. Il ne saisit pas les choses à la volée. Il n'a pas l'art
du demi-mot. L'attention minutieuse, la méditation méthodique, la
considération généralisatrice sont plutôt son affaire. Il a besoin de
s'expliquer, d'étaler le détail et l'appareil de son investigation. Qui
songerait à lui en faire reproche si l'investigation est fructueuse comme
on a pu le voir dans des exemples trop brefs, comme on l'eût apprécié
encore dans la narration très nourrie d'un dîner chez certain banquier
juif? M. Proust a dans notre littérature un ancêtre dont le nom manque
un peu de rayonnement, mais dont l'œuvre est très fortement estimable :
c'est l'auteur des *Considérations sur les mœurs*, c'est Duclos. Le tohu-
bohu de la société actuelle, les déclassements et reclassements qui s'y
opèrent avec une rapidité difficile à suivre pour nous autres, hommes de
lecture et de cabinet, offre un champ très intéressant aux études d'un
nouveau Duclos. Et M. Proust nous fera plus de plaisir quand il nous en
rapportera de substantielles nouvelles, solidement et fût-ce un peu
pesamment commentées, que quand il nous décrira les bluets qui courent
après sa voiture.
Il y a eu dans sa famille un chirurgien célèbre dont on pourrait lui
recommander l'exemple. Lorsque le professeur Proust déployait sa trousse
et posait sur la table de l'hôpital ses redoutables instruments d'acier,
ce n'était pas pour opérer des petits boutons de chaleur ni pour trépaner
un individu souffrant d'un simple mal aux cheveux. A moins qu'il ne
songeât à les lui couper en quatre. Mais alors, quel abus de la chirurgie ! »

*Ce goût de la recherche, de l'inconnu, du mystère ne pouvait en effet
recueillir les louanges d'une critique routinière. Un travail d'assimilation,
de compréhension était auparavant nécessaire. L'intelligence, habituée aux
règles traditionnelles dut accomplir un effort véritable pour se mettre au
niveau de cette culture raffinée. Ce renversement des valeurs demanda des
années, mais peu à peu une révolution s'opérait dans les esprits et elle fut
telle qu'une douloureuse consternation, presque unique dans les annales*

contemporaines envahit le Paris littéraire, lorsque les journaux annon-
cèrent la funèbre nouvelle : Marcel Proust est mort.

Le même jour M. Léon Daudet écrivait le billet suivant à la mémoire de
celui qui venait de partir :

« Sa perte sera cruellement ressentie par toute la jeune génération
« de beaux romanciers, dont il était incontestablement le maître et le
« premier. Il tenait de son père, le professeur Proust, le don de l'obser-
« vation aiguë et railleuse, et il l'avait perfectionné par l'introspection,
« aussi loin qu'en Angleterre le vieux Meredith, et plus que, chez nous,
« Stendhal. Moraliste discursif et de libre humeur, à la façon de Mon-
« taigne, capable d'analyser un sourire de femme en cinq pages de texte
« serré, et de fixer un caractère en trois traits, peintre impitoyable des
« mœurs des salonnards et des modes éphémères de l'esprit — mais
« saisies sur l'essentiel — il laisse une œuvre unique et variée. Sa série
« de la *Recherche du Temps perdu* est un monument psychologique,
« dont les perspectives, délicates et fortes, prendront toute leur ampleur
« avec le temps, Alors que tant de réputations, usurpées ou frelatées,
« encombrent les avenues de la célébrité badaude, celui-là était vrai-
« ment exceptionnel, riche d'impressions vives et d'expressions éblouis-
« santes, incessemment renouvelé, et, pour tout dire, génial.

« Aucun de ceux qui l'ont connu n'oubliera sa physionomie charmante
« aux yeux profonds, la délicatesse infinie de son cœur, son allure discrè-
« tement effacée. Souffreteux et frileux, vivant chez lui depuis de longues
« années, couché deux jours sur sept, il prenait plaisir à réconcilier ceux
« que l'existence avait séparés, à apprendre aux adversaires à se mieux
« connaître. Il se faisait volontiers médecin des âmes, dissimulant, sous
« une ironie chatoyante, une universelle et profonde pitié. Avec sa dispa-
« rition, le deuil sensible rejoint ainsi le deuil intellectuel. Chacun de
« ses intimes le pleurera deux fois : l'une pour l'œuvre qui lui restait à
« écrire, l'autre, pour le bien qu'il avait fait.

« Adieu, mon cher petit Marcel. Que de fois, dans les lettres quoti-
« diennes, une lettre de votre écriture déliée, et reliée aux pressenti-
« ments les plus vifs, m'a délassé et ragaillardi ! Le « soleil des morts »
« se lève, hélas ! bien prématurément pour vous. Mais il va réchauffer
« votre tombe, l'inscription de votre court et flamboyant passage ici-
« bas, les fleurs du souvenir, la splendeur de vos travaux littéraires,
« prolongés de mémoire en mémoire, admirés et commentés de plus
« en plus. »

Et plus tard :

« Une cinquantaine d'amis et d'hommes de lettres ont suivi avant-
« hier, de l'église Saint-Pierre de Chaillot au Père-Lachaise, sous un
« brumeux ciel baudelairien, la dépouille mortelle du grand écrivain,
« du romancier de génie que fut notre cher Marcel Proust. Cette admi-
« ration commune réunissait des personnalités d'âges divers, où dominait
« la génération qui nous suit, celle de trente à quarante, déjà si riche et
« si variée. Il y avait là l'espérance intellectuelle de notre pays. Tous
« pleuraient, sincèrement, l'être admirable et bon qui venait de s'en
« aller sous les ombres, avec son habituelle sérénité. C'est encore dans
« notre métier qu'il y a le moins d'envie et le plus de justice, au moins
« avant l'âge congelant et recroquevillant des honneurs et des gros gains.
« La presse parisienne n'a pas salué ce douloureux départ comme il
« eût convenu. Elle est mal et tardivement informée, en littérature
« comme en politique, et c'est un dommage. J'ai noté cependant un
« magnifique et juste article de M. de Pierrefeu dans les *Débats*. M. de
« Pierrefeu est un de nos très rares contemporains qui possèdent, avec
« le sens critique, la culture générale permettant de l'étayer. Il a bien vu
« l'importance exceptionnelle de l'œuvre de Proust, qui l'apparente à
« celle de Balzac, mais sous un plan différent et nouveau.
« Comme l'œuvre de Balzac, celle de Proust possède l'universalité.
« Je veux dire qu'elle a des fenêtres sur tous les compartiments de la
« connaissance, en même temps que sur toutes les circonstances de la
« vie. La comédie humaine de Proust, cette étonnante *Recherche du*
« *Temps perdu*, dont six volumes sont encore à paraître, traite, elle
« aussi, de l'art militaire, de l'agriculture, de la philosophie, de la poli-
« tique, de la géologie, des états des corps en mouvement, de la physio-
« logie, de la sociologie, etc... et même des microbes et des psychopa-
« thies. Mais, alors que, chez Balzac, ces digressions, splendides et pro-
« fondes, sont incluses massivement dans la pâte romanesque — tels
« les bijoux des matrones dans les arcs de triomphe romains — chez
« Proust, les mêmes digressions sont refondues et moralisées. Il est vrai
« que, par ailleurs, la trame romanesque proprement dite, ou, si vous
« préférez, dramatique, est d'un grain moins serré que chez Balzac, par
« la constante présence et intervention de la personnalité de l'auteur.
« Mais, ceci dit, chez l'un comme chez l'autre, la richesse est infinie et
« l'avidité mentale sans limites. On voit par eux l'immensité du champ
« romanesque, offrant autant de perxpectives au génie créateur que la
« voie lactée, par un beau soir. La série de Proust, comme celle de Balzac,
« est une vie à côté de la vie, une vie *en plus* de la vie, agencée autre-

« ment, aussi complexe, amère, ironique, soudaine et rusée que l'existence
« de chacun de nous. C'est pourquoi je considère le roman comme l'ex-
« pression la plus complète de l'art, comme une transposition de l'homme
« tout entier, plus exactement comme la possibilité de cette transposi-
« tion intégrale, divin compris.

« Il a paru, depuis vingt ans, un grand nombre de traités de psycho-
« logie, reposant presque tous sur cette idée fausse et primaire que la
« psychologie est un chapitre de la clinique ou de la physiologie. C'est
« par là qu'on est arrivé aux aberrations falotes de la psychologie dite
« « expérimentale », du calcul appliqué aux sensations, etc... Qui ne don-
« nerait, s'il réfléchit un peu, tout ce fatras, pour les pages, étrangement
« lumineuses, où Proust descend dans la conscience de son prochain et
« en extrait des alliages inconnus, que chacun cependant reconnaît
« comme siens et intimes. « Plus profondément que n'est jamais descendu
« le plomb de la sonde », disait Quincey... Cela, chez Proust, sans aucune
« préciosité, ni affectation, comme par le seul effort d'une syntaxe puis-
« sante, où ruissellent, sous le pressoir de l'intelligence, les frappes des
« mots intenses et des termes exacts.

« On m'a raconté que, quelques heures avant sa mort, Marcel Proust,
« qui ne cessait de s'étudier, avait demandé, à la personne qui le veillait,
« de lui remettre une feuille de manuscrit, où était peinte l'agonie d'un
« de ses personnages : « J'ai quelques retouches à y faire, maintenant
« que me voici presque au même point. » Car il était d'un scrupule extra-
« ordinaire en fait d'observation, et ce puissant imaginatif ne cessait de
« contrôler son imagination par le réel. On lui doit, entre autres, cette
« remarque, subtile et vraie, que de menues circonstances déterminent
« souvent des actions importantes, par leur maturation dans le voisinage
« de la volonté. Alors que des conjonctures graves, et même tragiques,
« peuvent nous laisser inertes et défibrés, Aucun philosophe, à ma con-
« naissance, parmi les contemporains, n'a mieux décrit ces confins de
« la raison — ou de la déraison — et du vouloir baptisés génériquement
« « images motrices ».

*Le Figaro au même moment lui consacrait son supplément littéraire et
par la plume de M. Robert de Flers rendait au créateur de M. de Charlus
un juste hommage :*

« Ces personnages forment une compagnie que l'on ne peut oublier
« dès qu'on lui a été présenté. Chacun d'eux est en quelque sorte devenu
« notre ami ou notre ennemi personnel. Depuis Balzac et Stendhal,
« aucune fiction n'avait à ce point ressuscité la vie. On a dit de cette

« œuvre qu'elle était un peu morbide. Une semblable erreur ne peut que
« nous faire sourire, car les milliers de pages que nous devons à Marcel
« Proust respirent, au contraire, cette santé supérieure des ouvrages de
« l'esprit qu'est la vérité. Nous avons, pour juger l'œuvre de Marcel
« Proust, tout le temps devant nous, parce qu'elle durera. Déjà elle
« s'impose à la critique de tous les pays.

   « Mais, hélas ! ce que nous avons perdu, c'est l'homme que fut Marcel
« Proust, qui poussa jusqu'au génie le sens de la bonté, du dévouement
« et de la tendresse. Nous tous qui avons été ses amis, nous savons avec
« quelle ardeur généreuse, avec quelle incroyable gentillesse, avec quel
« total oubli de soi, il s'efforça toujours de soulager les détresses d'âme
« et de fortune qu'il rencontrait. Je vous le dis en vérité, cet homme,
« dès l'âge de vingt ans, a commencé de mourir de la souffrance des
« autres. Je me souviens un jour de l'avoir entendu répondre, comme on
« lui demandait quel souhait il eût entre tous voulu voir exaucer : « avoir
« mille cœurs et attacher chacun d'eux à une douleur choisie ». Sa tombe
« a mérité d'avoir cette phrase-là pour épigraphe. »

   *D'autre part, Edmond Jaloux, et Paul Morand, renouvelaient le même
geste dans « les Nouvelles Littéraires ».*

   « Au moment de parler ici de l'œuvre de Marcel Proust, je sens soudain
« toute la difficulté de ma tâche. Je la sens d'abord parce que depuis
« que j'ai appris l'affreuse nouvelle de sa mort, je suis obsédé par sa figure,
« par son caractère, par tout ce qui constituait le noyau central de ses
« ouvrages. Je la sens aussi et surtout parce que ses livres constituent
« quelque chose de si considérable, de si riche en conséquences de toute
« espèce qu'il est impossible en quelques lignes, d'en explorer toutes les
« perspectives et d'en mettre au jour tous les trésors.

   « Marcel Proust était le grand homme de notre génération : je ne sais
« personne de nous que sa mort n'aura pas frappé comme un malheur
« personnel. Mais c'était plus encore : un grand romancier, un de ceux
« dont le nom ne passe point, un de ceux qui demeurent l'honneur du
« pays qui les a vus naître. Nous commençons à peine à mesurer l'am-
« pleur de cette œuvre et à peine, hélas ! à comprendre l'irréparable
« de la perte que nous venons de faire et que la France fait avec nous.
« On l'a comparé à Saint-Simon, on l'a comparé à Stendhal, et ces com-
« paraisons étaient légitimes. Mais en réalité, il ne ressemblait à per-
« sonne. Il était non seulement l'esprit le plus clairvoyant, le plus averti,
« le plus varié qu'il fût possible d'imaginer; mais il apportait du fond
« même de son tempérament, ce pouvoir d'être indifférent des autres

« qui fait les écrivains exceptionnels. De là, venait en partie son charme ;
« de là aussi cet air de secret répandu sur toute sa personne.

« De toutes ses qualités, celle qui semble le plus extraordinaire c'est
« le génie psychologique dont je parlais tantôt. Depuis 1880 et les années
« suivantes, il a été fait un tel abus de clichés psychologiques qu'on
« peut dire que le roman risquait d'en mourir. Aujourd'hui encore,
« prenez les volumes qui paraissent : neuf fois sur dix, l'auteur utilise
« dans une situation donnée des réactions toutes faites et qui traînent
« partout. C'est que l'auteur ne se connaît guère, ni l'humanité. Marcel
« Proust, lui, se connaissait : dans une vie de solitaire et de malade, il
« avait appris à savoir exactement à quelle sorte d'être il avait affaire :
« et cette connaissance prodigieuse de soi-même l'avait amené à une
« connaissance non moins prodigieuse des autres... Il faut consulter là-
« dessus la seconde partie du *Côté de chez Swann* : *Un Amour de Swann*
« (que je voudrais que l'on publiât à part dans un petit volume pour
« permettre aux gens qui n'ont pas beaucoup de temps ou de patience
« de prendre connaissance de ce chef-d'œuvre). C'est une peinture de
« l'amour et de la jalousie, qui égale Marcel Proust aux plus grands.
« Il faudrait en citer toutes les pages. Mais voici cependant un petit trait
« que je trouve extraordinaire et qui n'est cependant qu'un entre mille :
« il s'agit de ce soir où Swann, congédié par Odette, sa maîtresse, a des
« soupçons et revient vers l'hôtel qu'elle habite, torturé de jalousie. Et
« alors commence l'extraordinaire analyse :

« Et pourtant il était content d'être venu ; *le tourment qui l'avait forcé*
« *de sortir de chez lui lui avait perdu de son acuité en perdant de son vague,*
« maintenant que l'autre vie d'Odette, dont il avait eu, à ce moment-là,
« le brusque et impuissant soupçon, il la tenait là, éclairée en plein par
« la lampe, prisonnière sans le savoir dans cette chambre où, quand il
« le voudrait, il entrerait la surprendre et la capturer ; ou plutôt il allait
« frapper aux volets comme il faisait souvent quand il venait très tard...

« Et peut-être, *ce qu'il ressentait en ce moment de presque agréable*
« *c'était autre chose que l'apaisement d'un doute et d'une douleur : un plaisir*
« *de l'intelligence.* Si depuis qu'il était amoureux, les choses avaient
« repris pour lui un peu de l'intérêt délicieux qu'il leur trouvait autrefois,
« mais seulement là où elles étaient éclairées par le souvenir d'Odette,
« *maintenant, c'était une autre faculté de sa studieuse jeunesse que sa*
« *jalousie ranimait, la passion de la vérité,* mais d'une vérité, elle aussi,
« interposée entre lui et sa maîtresse, ne recevant de lumière que d'elle,
« vérité toute individuelle, qui avait pour objet unique, et d'un prix
« infini et presque d'une beauté désintéressée, les actions d'Odette, ses
« relations, ses projets, son passé. »

« On peut dire que l'œuvre de Marcel Proust, tout entière, a ce per-
« pétuel renouvellement, enrichissement des phénomènes psycholo-
« giques. On lui a reproché de ne nous montrer que les infiniment petits
« de la vie morale; mais notre vie morale n'est faite que d'infiniment
« petits; et ce sont ces infiniment petits qui constituent par leur réunion,
« leur évolution, la trame même de notre existence. La grandeur de
« Proust aura été d'avoir montré, dans son exactitude et son ampleur,
« cette trame elle-même. Sur l'action du temps, sur nos sentiments,
« sur cette pression du relatif qui modifie sans cesse nos passions, et
« nos idées, sur la mobilité dangereuse de notre esprit et de notre cœur,
« sur le divorce constant qu'il y a entre nos actes et nos raisons d'agir,
« sur ce qu'il a appelé les intermittences du cœur — et aussi sur le som-
« meil, sur le rêve, sur le réveil, sur la jalousie, sur l'oubli, sur l'incon-
« scient, sur la douleur, sur la maladie, sur la mort, Marcel Proust a
« écrit des choses définitives et sur lesquelles on ne reviendra plus.

« Mais il faut encore voir chez lui autre chose qu'un psychologue : et
« d'abord un satiriste, le peintre cruel, sarcastique et impitoyable de la
« Société, considérée d'abord sous sa forme aristocratique : (les Guer-
« mantes, le baron de Charlus, la princesse de Parme, etc.) et ensuite,
« sous sa forme bourgeoise : (les Verdurin, le docteur Cottard, Odette
« mariée, etc.). On peut dire que nul n'a décrit des gens du monde, ni
« des bourgeois avec plus de vérité, ni d'ironie. Les conversations des
« personnages de Proust sont extrêmement justes; pas une nuance de
« leur esprit — ou de leur manque d'esprit, — n'est laissée au hasard.
« N'aurait-il eu que ce don-là qu'il eût été déjà de premier ordre ! On
« pourrait compléter cette peinture générale d'une société en y ajoutant
« celle des domestiques, dont il est le seul écrivain à avoir parlé avec
« intelligence et en les considérant comme faisant partie de l'humanité.

« Mais n'y a-t-il pas aussi le poète, un poète shakespearien, qui fait
« des jeunes filles perverties de ses romans des héroïnes de comédie
« féerique? Le poète des marines, des vergers en fleurs, de la conversa-
« tion avec les aubépines? (*A l'ombre des jeunes filles en fleurs.*) C'est
« tout un monde qui vit et grouille dans la *Recherche du Temps perdu*,
« un monde si complet que Marcel Proust y a créé une ville, des paysages,
« une cathédrale, comme il a créé le feu particulier d'une actrice (la
« Berma), les idées d'un philosophe (Bergotte), l'art d'un peintre (Elstir),
« un monde qui serait pareil au nôtre s'il ne flottait pas au-dessus de lui
« un esprit infiniment poétique qui ne flotte pas au-dessus du nôtre, —
« un esprit fait d'un rêve infiniment émouvant et délicat, fait aussi de
« tendresse, de pitié, de bonté, de sensibilité maladive à force de douceur,
« d'amitié et de mélancolie, et qui était l'âme même, l'âge riche et mysté-
« rieuse, qui vient de s'éloigner de nous ! »

« Voici la fin d'un très long combat entre Marcel Proust et la mort.
« Il la sentait s'approcher depuis quelques années et particulièrement
« depuis deux mois. Il attendait cette venue et à peu de chose près, il
« en connaissait l'heure, lui que des sens aigus, pénétrant les paliers,
« les murs, les rues, savaient avertir d'une visite souvent même avant
« que le projet ne fût arrivé à la conscience de qui l'allait réaliser ; à ce
« point que le coup de sonnette qui est pour nous la première annonce
« d'une entrevue, n'en était pour lui que la confirmation et ne lui causait
« pas de surprise. Etait-ce là une sensibilité aggravée par la souffrance,
« une divination où la clairvoyance de celui pour qui les sentiments les
« plus composés n'avaient pas d'énigmes, pour qui aucune clé de ce
« monde n'était illisible ?

« Après une agonie qui prend la place de celles qu'il a inoubliablement
« décrites, Marcel Proust vient de s'éteindre dans ce lit qu'il n'avait pas
« quitté depuis le mois de juillet.

« Souvent, lorsque j'entrais dans sa chambre, je le trouvais ainsi
« couché sur le dos, les paupières closes ; mais bientôt un second mouve-
« ment lui faisait tourner la tête à gauche, vers la porte, ouvrir les yeux,
« sourire. Les mains gantées, croisées sur sa poitrine, se désunissaient et
« quelques mots tremblants, qui s'allaient s'affermissant, sortaient de
« ses lèvres collées. Le lit était chargé de couvertures, d'une pelisse
« de lettres non décachetées, les *Débats* étaient son journal du matin ;
« tout autour de lui tombaient des porte-plumes, des notes, des cahiers ;
« de cette poudre à fumigations qui lui permettait, pour quelques heures,
« de respirer. Le premier, il prenait la parole, commençant le plus sou-
« vent par de doux reproches, arrivant bientôt à d'extraordinaires
« méandres (dont son écriture donne parfois idée), où il ne restait plus
« qu'à le suivre.

« Pour la première fois aujourd'hui, Proust repose dans un lit à grandes
« cassures blanches qui n'est plus le sien ; sa face — mais peut-on prendre
« un moulage avec des mots ? — est de paraffine, close par des cheveux
« et des moustaches d'un noir brutal et merveilleux ; ses paupières
« bistrées, doublées de cernes immenses, sont séparées par l'arête d'un
« nez amaigri qui donne au visage sa jeunesse, son calme noble et con-
« ventionnel. Pour la première fois on a pu mettre de l'ordre dans ces
« cahiers à jamais précieux qui seront *Le Temps retrouvé.* L'ouvrier
« repose à côté de ses outils. Pour la première fois les portes restent
« béantes sans que ne se lise sur ses traits cette crispation que lui causait,
« même à huis-clos, le moindre courant d'air dans les pièces les plus
« éloignées. Pour la première fois, des femmes entrent dans cette chambre
« monacale où il n'en voulait jamais laisser pénétrer, tenant à ne se

« montrer devant elle que très soigneusement vêtu. Pour la première
« fois des fleurs l'approchent sans qu'il les éloigne, redoutant de nou-
« velles crises d'asthme.
    « Pour la première fois, la maison de lucifuge s'ouvre au plein jour.
    « — « Aurai-je le temps de finir? » disait Proust dans les derniers
« jours d'août. Quelle œuvre est jamais achevée quand il s'agit d'un tel
« artiste? Je crois cependant qu'elle l'est, plus complètement qu'il ne
« le pensait lui-même. Son souci n'était pas de perfection. Il tenait à ce
« qu'on pût embrasser l'ouvrage dans son ensemble, en comprendre
« l'ordonnance voulue, la composition nécessaire; il entendait se justi-
« fier des reproches qu'on lui avait, à cet égard, adressés. C'est ainsi
« que certains « motifs » de Swann devaient revenir aux derniers cha-
« pitres du *Temps retrouvé*, tout à la fois s'expliquant, nous livrant des
« joies plus profondes que celles que nous demandions jusque-là à leurs
« apparences, et composer le finale de la plus grande des symphonies.
    « Au moment où l'on écrivait ici de moi que « je sais congédier toute
« peine » le plus grande peine de ma vie venait d'entrer. Il faut dire adieu
« à un ami parmi les plus chers et à un maître admiré. Proust, vous voici
« arrivé devant la postérité. Pour vous donner la première place, compter
« sur votre œuvre et comptez sur nous. »

*Même les grands quotidiens d'information n'hésitaient pas à consacrer
des articles à l'œuvre de Proust et dans « l'Intransigeant » Madame de
Nouailles adressait à celui qui n'était plus déjà qu'un pauvre cadavre un
adieu émouvant, poétique et discret :*

    « Je suis allée ce matin contempler pieusement, dans son suprême
« sommeil, l'ami de ma jeunesse et le grand écrivain que fut Marcel
« Proust. A la fois si révélé et si secret, il semblait endormi, plein de
« pensées, au centre de sa perpétuelle création inimitable, dont le mouve-
« ment spirituel l'enveloppait encore.
    « Nul front ne peut paraître moins assourdi par la mort. C'est avec ce
« visage immobile, possesseur d'une sagesse sacrée, que l'on voudrait
« s'entretenir du grand mystère funèbre qu'il doit pouvoir déchiffrer
« par des sens immatériels et sublimes.
    « — Il sait tout sur toutes choses, il observe, il comprend, il explique,
« me disais-je en considérant cette noble figure sur laquelle était répandue
« la beauté paisible d'une connaissance et d'une compréhension in-
« submersibles.
    « La mort, qui précipite tout dans le calme, a plus à faire en nous
« arrachant cette intelligence où les facultés étaient douées d'un frémis-
« sant prolongement.

« Maître dans le domaine du réel aux nervures innombrables, et por-
« teur de lumière au domaine de l'invisible, Marcel Proust a conquis
« pour toujours, par un génie obsédant, la place magnifique de ceux
« qui satisfont pleinement l'intelligence, et l'intriguent encore en la
« vouant à l'insatiabilité. »

Quel chemin parcouru depuis la première édition à compte d'auteur de chez Grasset ! Et cette existence qui passe soudain de la maladie à la gloire n'est-ce pas la meilleure réponse favorable à ceux qui reprochent à la foule son indifférence pour les intellectuels ? Aujourd'hui de pareilles éventualités sont à peu près impossibles. Marcel Proust en est la preuve indiscutable et définitive.

Entre les auteurs classiques d'avant-guerre et les écrivains de la génération élevée entre 1914 et 1918, il y a place pour des œuvres désintéressées ; elles deviennent utiles, indispensables même pourrait-on dire, justement parce qu'il faut s'en préserver et qu'elles sont l'illustration d'un esprit morbide et malsain. Tout en lisant on juge ; cet exercice de discrimination donne du prix à la vie et du goût pour la littérature.

Gérard de Catalogne.

BIOGRAPHIE

BIOGRAPHIE

Comme Boileau, Molière et Voltaire, Marcel Proust est né à Paris quelques mois après la signature du traité de Francfort. Fils du docteur Adrien Proust, médecin catholique des hôpitaux, originaire de Chartres et d'une juive, dont le nom de jeune fille était Mlle Weil, il passa la plus grande partie de son enfance et de sa jeunesse au 9, Boulevard Malesherbes, où habitaient ses parents. A onze ans, il entra au lycée Condorcet mais sa santé déjà délicate fut un obstacle à ses études ; gagné en effet par la maladie, il était obligé d'aller se reposer le plus souvent possible soit dans la propriété familiale d'Illiers, soit de villégiaturer à la fin de l'automne sur la côte Normande, où Trouville et Houlgate avaient ses préférences.

Pour profiter de la dernière année du volontariat en France en 1899, il devance l'appel de sa classe et à dix-huit ans s'engage au 76e régiment d'infanterie. Dès sa libération il suit à la Sorbonne les cours de la licence ès-lettres et après avoir passé ses examens, il se met à écrire et fonde à cet effet dans le salon de Madame Strauss, une petite revue de jeunes, dont les collaborateurs sont tous aujourd'hui célèbres. Fernand Grech, Robert Dreyfus, Daniel Halevy, Robert de Flers, Henri Barbusse et Léon Blum y donnèrent leurs premiers écrits. La vie mondaine commençait pour le futur créateur de Swann.

Reçu chez la princesse Mathilde, le Comte d'Haussonville, Madeleine Lemaire, Madame Aubernon, Madame Arman de Caillaret, Marcel Proust, âgé à cette époque d'une vingtaine d'années et chroniqueur du *Figaro* fut ébloui par tout le luxe, qui se dégageait de cette vie fiévreuse. Elle continua encore longtemps, mais à la mort de sa mère, en proie à des souffrances physiques qui ne lui donnaient pas une minute de répit, il se retire définitivement du monde. Désormais une seule idée dominera son existence : écrire son œuvre et la publier.

Plusieurs années passèrent ainsi dans le recueillement, le travail et le silence. Mais le temps pressait; il sentait venir la mort, il chercha donc un éditeur. Refusé au *Mercure de France*, chez Fasquelle et Ollendorf, il ne lui restait plus qu'une seule ressource : se faire imprimer à compte d'auteur à la librairie Grasset. Enfin, après bien des efforts, en 1913 le livre paraît au milieu de l'indifférence de la foule, du silence de la plupart des critiques et de la méfiance de tout le monde.

Une campagne habile de ses amis et l'influence de Léon Daudet lui valurent le prix Goncourt en 1919; on cria au scandale mais désormais il avait connu le premier sourire de la gloire; à quarante-huit ans on osait enfin reconnaître ses mérites; il devait vivre encore trois ans.

Le 18 Novembre 1922, la mort l'a pris en pleine travail; toute une génération d'écrivains entourait son cercueil et aujourd'hui quand on parle de lui et de sa disparition prématurée, ses amis se regardent en silence. On n'entre pas de plein pied dans son œuvre; sa complexité effraie tout d'abord mais sa pensée restera, malgré toutes les réserves qu'on doit faire sur ses prétendus disciples, une oasis où ceux qui ont besoin d'idéal, de lumière et pour tout dire d'un mot, de connaissance aimeront à se retrouver; on n'y apprendra pas l'art de supplanter élégamment son voisin, mais on y glanera çà et là de très blonds épis si lourds de joie, si gonflés de sèves et baignés de soleil qu'on en fera une merveilleuse gerbe pour les amateurs de psychologie raffinée et les amants du lyrisme réel.

BIBLIOGRAPHIE

A) *Œuvres publiées de Marcel Proust.*

Portraits de Peintres (*Au Ménestrel, juin* 1896).

Les Plaisirs et les jours, avec une préface d'Anatole France (*Cal-mann-Lévy*, 1896).

La Belle d'Amiens de John Ruskin, traduction de Marcel Proust (*Éditions du Mercure de France*, 1904).

Sésame et les Lys de John Ruskin, traduction de Marcel Proust (*Éditions du Mercure de France*, 1906).

A la Recherche du Temps Perdu :

Tome   I : Du coté de chez Swann (un volume, Bernard Grasset, 1919, puis deux volumes aux *éditions de la Nouvelle Revue française*).

Tome   II : A l'ombre des Jeunes Filles en fleurs (2 volumes 1918 aux *éditions de la N. R. F.*).

Tome III : Le coté de Guermantes (un volume aux *éditions de la N. R. F.*, 1920).

Tome IV : Le coté de Guermantes. Sodome et Gomorrhe (un volume aux *éditions de la N. R. F.*, 1921).

Tome V : Sodome et Gomorrhe (trois volumes aux *éditions de la N. R. F.*, 1922).

Tome VI : La Prisonnière (deux volumes aux *éditions de la N. R. F.*, 1924).

Tome VII : Albertine disparue (deux volumes aux *éditions de la N. R. F.*, 9926).

Pastiches et Mélanges (un volume aux *éditions de la N. R. F.*, 1919).

Préface aux Propos de Peintres de Jacques Émile Blanche (*un volume Émile Paul* 1919).

Préface aux Tendres Stocks de Paul Morand (*un volume aux éditions de la N. R. F.*, 1921).

Le Temps Retrouvé (*à paraître prochainement*).

B) *Articles de Proust publiés dans les Revues et les Journaux*

LE BANQUET :

Un conte de Noel (*N*o 1, *Mars* 1892).
Études : Les Maitresses de Fabrice; Cydalise; Les amis de la
        comtesse Myrto; Adelgise; Ercole. (*N*o 2, *Mars* 1892).
Un livre contre l'Élégance : Sens dessus dessous (*N*o 2).
Études : (*Le Banquet*, *N*o 3, *mai* 1892).
Études : (*N*o 5, *juillet* 1892).
Études : (*N*o 6, *novembre* 1892).
Note sur « Tel qu'on songe » (*N*o 6).
Violante ou la Mondanité (*N*o 7, *février* 1893).
La Conférence parlementaire de la Rue Serpente (*N*o 7).

LITTÉRATURE ET CRITIQUE :

Choses d'Orient (*N*o 3, *Mai* 1892).

LA REVUE BLANCHE :

Études (*N*o 21-22 *juillet-août* 1899).
Mélancolique villégiature de Madame de Breyves (*N*o 23,
15 *septembre* 1893).
Études (*N*o 26, *décembre* 1893).
Contre l'obscurité (*N*o 75, 15 *juillet* 1896).

LA REVUE D'ART DRAMATIQUE :

Silhouette d'artiste (*N*o 3, *janvier* 1897?).

LE MERCURE DE FRANCE :

Ruskin a Notre-Dame d'Amiens (*Avril* 1900).

LA NOUVELLE REVUE FRANÇAISE :

A la recherche du Temps perdu; fragments I et II (*N*os 66, *juin* 1914
et 67, *juillet* 1914).

LÉGÈRE ESQUISSE DU CHAGRIN QUE CAUSE UNE SÉPARATION ET DES PROGRÈS IRRÉGULIERS DE L'OUBLI (N⁰ 69, *juin* 1919).
A PROPOS DU STYLE DE FLAUBERT (*N⁰* 76, *janvier* 1920).
UNE AGONIE (*N⁰* 88, *janvier* 1921).
UN BAISER (*N⁰* 89, *février* 1921).
A PROPOS DE BAUDELAIRE (*N⁰* 93, *juin* 1921).
LES INTERMITTENCES DU CŒUR (*N⁰* 97, *octobre* 1921).
EN TRAM JUSQU'A LA RAPPELIÈRE (*N⁰* 99, *décembre* 1921).
LA REGARDER DORMIR; MES RÉVEILS (*N⁰* 110, *novembre* 1922).

LA REVUE DE PARIS :

POUR UN AMI, remarques sur le style (15 *novembre* 1920).

ŒUVRES LIBRES :

JALOUSIE (*N⁰* 5, *novembre* 1921).

INTENTIONS :

ÉTRANGE ET DOULOUREUSE RAISON D'UN PROJET DE MARIAGE (*Avril* 1922).

LES FEUILLES LIBRES :

UNE SOIRÉE CHEZ LES VERDURIN (*Avril-Mai* 1922).

LE FIGARO :

PÉLERINAGES RUSKINIENS (13 *février* 1900).
UN SALON HISTORIQUE (25 *février* 1903).
LA COUR AUX LILAS (11 *mai* 1903).
LE SALON DE LA PRINCESSE DE POLIGNAC (6 *septembre* 1903).
LE SALON DE LA COMTESSE D'HAUSSONVILLE (4 *janvier* 1904).
FÊTE CHEZ MONTESQUIOU A NEUILLY (18 *janvier* 1904).
LE SALON DE LA COMTESSE POTOCLA (13 *mai* 1904).
LA MORT DES CATHÉDRALES (16 *août* 1904).
VIE DE PARIS : LA COMTESSE DE GUERNE (7 *mai* 1905).

Sentiments filiaux d'un parricide (1er *février* 1907).
Journées de lectures (20 *mars* 1907).
Les éblouissements (15 *juin* 1907).
Une grand'mère (23 *juillet* 1907).
Impressions de route en automobile (19 *novembre* 1907).
Gustave de Borda (26 *décembre* 1907).
L'affaire Lemoine (22 *février*, 14 *mars*, 21 *mars* 1908 *et* 6 *mars* 1909).
Épines blanches, épines roses (21 *mars* 1912).
Rayon de soleil sur le balcon (4 *juin* 1912).
L'église de village (9 *septembre* 1912).
Vacances de Paques (25 *mars* 1913).
La Prisonnière (25 *novembre* 1922).

C) *Études sur Marcel Proust ayant paru en volume.*

PAUL MORAND :

Lampes a Arc : Ode à Marcel Proust (*au Sans Pareil*, 1920).

CHARLES DY BOS :

Approximations : 3 articles sur Proust (*Plon*, 1922).

JACQUES BOULENGER :

Mais l'art est difficile (*Plon*).

RENÉ LALOU :

Histoire de la Littérature française contemporaine (*Crès*, 1922).

PAUL SOUDAY :

Les Livres du Temps (*Émile-Paul*, 1914).

FERNAND VANDÉREM :

Le Miroir des Lettres, t. II (*Flammarion*).

LÉON DAUDET :

Salons et Journaux (*Nouvelle Librairie Nationale*, 1917).

GUY DE POURTALES :

De Hamlet a Swan (*Crès*, 1923).

ROBERT DE MONTESQUIOU :

Les Pas affacés (*Emile-Paul*, 1923).

J. BÉDIER ET PAUL HAZARD :

Histoire de la littérature française (*Larousse*, 1924).

M. REVON ET P. BELLETEY :

25 ans de Littérature française (*T. II, Fascicule* 6). Les salons
Littéraires.

LÉON TREICH :

Almanach des Lettres françaises (*Crès*, 1924).

ANDRÉ GERMAIN :

De Proust a Dada (*Kra*, 1924).

BENJAMIN CRÉMIEUX :

Le xxe siècle (*N. R. F.*, 1924).

E. HENRIOT :

Livres et Portraits (*Plon*, 1924).

E. DE CLERMONT-TONNERRE :

Robert de Montesquiou (*Flammarion*, 1925).

BERNARD FAY :

PANORAMA DE LA LITTÉRATURE CONTEMPORAINE.

BENOIST MÉCHIN :

LA MUSIQUE ET L'IMMORTALITÉ DANS L'ŒUVRE DE MARCEL PROUST (*Kra*, 1925).

LÉON-PIERRE QUINT :

MARCEL PROUST, SA VIE, SON ŒUVRE (*Kra*, 1925).

GEORGES GABORY :

ESSAI SUR MARCEL PROUST (*Le Livre*, 1926).

D) *Articles publiés dans les Revues et Journaux
sur l'œuvre de Marcel Proust*

LUCIEN-ALPHONSE DAUDET :

DU COTÉ DE CHEZ SWANN (*Le Figaro*, 27 *novembre* 1913).

PAUL SOUDAY :

MARCEL PROUST (*Le Temps*, 10 *décembre* 1913).

JACQUES-ÉMILE BLANCHE :

DU COTÉ DE CHEZ SWANN (*Écho de Paris*, 16 *décembre* 1913).

MAURICE ROSTAND :

QUELQUES LIGNES A PROPOS D'UN LIVRE UNIQUE (*Comœdia*, 26 *décembre* 1913).

HENRI GHÉON :

DU COTÉ DE CHEZ SWANN (*La Nouvelle Revue Française*, 1er *janvier* 1914).

G. LE CARDONNEL :

Étude sur Marcel Proust (*La Minerve Française*, 15 *janvier* 1920).

ANDRÉ VARAGNAC :

Le cas Marcel Proust (*Le Crapouillot*, 15 *janvier* 1920).

EDMOND JALOUX :

L'œuvre de Marcel Proust (*Les Écrits Nouveaux, janv.-fév.* 1920).

JACQUES RIVIÈRE :

Marcel Proust et la Traditoin classique (*La Nouvelle Revue Francaise*, 1ᵉʳ *février* 1920).

PIERRE LASSERE :

Marcel Proust humoriste et moraliste (*La Revue Universelle*, 1ᵉʳ *juillet* 1920).

M. C. MARX :

Un rénovateur du roman : Marcel Proust (*La Revue Mondiale*, 1ᵉʳ *octobre* 1920).

L. MARTIN CHAUFFIER :

Le coté de Guermantes (*La Nouvelle Revue Française*, 1ᵉʳ *février* 1921).

ANDRÉ GIDE :

Billets a Angèle (*La Nouvelle Revue Française*, 1ᵉʳ *mai* 1921).

ROGER ALLARD :

Le coté de Guermantes, II. Sodome et Gomorrhe, I. (*La Nouvelle Revue Française*, 1ᵉʳ *septembre* 1921).

ÉMILE DERMENGHEM :

IMPRESSIONNISME PSYCHOLOGIQUE; ESSAIS SUR LES ROMANS DE MARCEL PROUST (*Les cahiers idéalistes, décembre* 1921).

JEAN EPSTEIN :

MARCEL PROUST, *L'Esprit Nouveau* (*N*° 19. *décembre* 1921).

RENÉ ROUSSEAU :

MARCEL PROUST ET L'ESTHÉTIQUE DE L'INCONSCIENT (*Le Mercure de France, 15 janvier* 1922).

LOUIS-MARTIN CHAUFFIER :

LETTRE DE MARCEL PROUST AU MARQUIS DE SAINT LOUP (*Les Lettres, février* 1922).

HENRI BIDOU :

PARMI LES LIVRES (MARCEL PROUST) (*Revue de Paris,* 1er *juin* 1922).

ROGER ALLARD :

MARCEL PROUST MORALISTE (*La Nouvelle Revue Française,* 1er *juin* 1922).

GUS BOFA :

SODOME ET GOMORRHE (*Le Crapouillot,* 16 *juin* 1922).

JEAN SCHLUMBERGER :

MARCEL PROUST, *Le Figaro* (supplément littéraire), 13 *juillet* 1922).

MARCEL PROUST :

Y A-T-IL UNE CRISE DE L'INTELLIGENCE? RÉPONSE DE M. PROUST (*La Renaissance,* 22 *juillet* 1923).

HERMAN GRÉGOIRE :

Marcel Proust (*La Bataille Littéraire, juillet-août* 1922).

ROGER PELTIER :

Marcel Proust et Balzac (*Le Carnet Critique*, 1.er *août* 1922).

CAMILLE VETTARD :

Proust et Einstein (*La Nouvelle Revue Française*, 1.er *août* 1922).

EDMOND JALOUX :

Sodome et Gomorrhe (*L'éclair*, 4 *août* 1922).

ROGER PELTIER :

L'esthétique de Marcel Proust (*Le Carnet Critique*, 1er *septembre* 1922).

LÉON DAUDET :

La mort de Marcel Proust (*Action Française*, 20 *novembre* 1922).

ORION :

La nouveauté de Marcel Proust (*L'Action Française* 21 *novembre* 1922).

LÉON DAUDET :

L'universalité et le roman (*L'Action Française*, 23 *novembre* 1922).

LOUIS DE CONZAGUE-ERICH :

Marcel Proust est mort (*Comœdia*, 20 *novembre* 1922).

LÉON TREICH :

Marcel Proust (*Éclair*, 30 *novembre* 1922).

DOMINIQUE BRAGA :

Marcel Proust (*L'Europe nouvelle.* 25 *novembre* 1922).

ROBERT DE FLERS :

Marcel Proust (*Le Figaro,* 25 *novembre* 1922).

Comtesse de NOUAILLES :

Adieu a Marcel Proust (*L'Intransigeant.* 21 *novembre* 1922).

GEORGES LE CARDONNEL :

Marcel Proust (*Le Journal,* 20 *novembre* 1922).

EDMOND JALOUX :

L'œuvre de Marcel Proust (*Les Nouvelles littéraires,* 25 *novembre* 1922).

PIERRE MILLE :

L'apport de Marcel Proust (*Les Nouvelles littéraires,* 25 *novembre* 1922).

PAUL MORAND :

Une agonie (*Les Nouvelles littéraires,* 25 *novembre* 1922).

MARIUS ARY LEBLOND :

Marcel Proust (*Paris-Midi,* 20 *novembre* 1922).

CLAUDE ANET :

Marcel Proust (*Le Petit Parisien,* 20 *novembre* 1922).

PAUL SOUDAY :

Marcel Proust (*Le Temps,* 20 *novembre* 1922).

FRANCIS DE MIOMANDRE :

Marcel Proust (*Les Annales,* 26 *novembre* 1922).

LÉON PIERRE QUINT :

Marcel Proust (*Le Monde Nouveau,* 1er *décembre* 1922).

PAUL CREYSSEL :

Du coté de chez Marcel Proust (*Lyon, Républicain,* 4 *décembre* 1922)

JACQUES BOULENGER :

Sur Marcel Proust (*L'Opinion,* 24 *novembre* 1922).

PAUL BRACH :

Souvenir sur Marcel Proust (*L'Opinion,* 24 *novembre* 1922).

JACQUES RIVIÈRE :

Marcel Proust (*La Nouvelle Revue Française,* 1er *décembre* 1922).

FRANCOIS MAURIAC :

Sur la tombe de Marcel Proust (*La Revue Hebdomadaire,* 2 *décembre* 1922).

ÉMILE HENRIOT :

Les Reliquae de Marcel Proust (*Le Temps,* 18 *décembre* 1922).

JUNIA ZETTY :

Étude sur Marcel Proust (*Le Flambeau,* 31 *décembre* 1922).

LA NOUVELLE REVUE FRANÇAISE :

(1er janvier 1923)

Hommage a Marcel Proust par la *Comtesse de Nouailles, Maurice Barrès, Léon Daudet, Robert Proust, Robert Dreyfus, Robert de Billy, Rehnaldo Hahn, Fernand Gregh, Georges de Lauris, Lucien Daudet, Jacques - Émile Blanche, Gaston Gallimard, Philippe Soupault, Gabriel de la Rochefoucauld, Walter Berry, Léon-Paul Fargue, V. Larbaud, Jean Cocteau, Paul Morand, Jacques Truelle, Jacques Porel, Henri Bardac, Ramon Fernandez, René Boylesve, Paul Valery, André Gide, Henri Duvernois, Albert Thibaudet, Jacques Boulanger, Paul Desjardins, Edmond Jaloux, André Maurois, Charles du Bos, Louis Martin Chauffier, Jacques Rivière, Benjamin Crémieux, Robert de Traz, Jacques de Lacretelle, Camille Vettard, Emma Cabire, Roger Allard, Drieu La Rochelle, Henri Ghéon, Paul Brach, Francois Fosca, Paul Fierens, M. C. Marx, J. Middleton, Murry, Stephen Hudson, Douglas Aunlie, Robert Ernst Curtius, Ortega y Gasset, Emilio Cecchi, Christian Rimestad, Algot Ruhe, Ellen Figzgerald.*

ANDRÉ CŒUROY :

La Musique dans l'œuvre de Marcel Proust (*La Revue Musicale*, 1er *janvier* 1923).

J. P. SAMSON :

Marcel Proust (*Les Humbles de janvier* 1923).

BENOIST MÉCHEN :

La musique chez Proust (*Intentions de janvier* 1923).

HENRI DOMMARTIN :

Étude sur Proust (*Ecrits du Nord de janvier* 1923).

ARMAND PRAVEIL :

Un analyste parisien : Marcel Proust (*Le Correspondant, du* 10 *janvier* 1923).

BENJAMIN CRÉMIEUX :

Sur l'hommage de Marcel Proust (*Les Nouvelles littéraires du* 20 *janvier* 1923).

MAURICE DE NOISAY :

A la recherche de Marcel Proust (*La Revue critique des idées et des livres*, 25 janvier 1923).

GUY DE POURTALÈS :

L'Hommage a Marcel Proust (*Revue Hebdomadaire du* 10 *Février* 1923).

ALBERT THIBAUDET :

Le dialogue sur Marcel Proust (*La Nouvelle Revue Française du* 1ᵉʳ *mars* 1923).

JEAN DE LASSUS :

Marcel Proust et les psychologues du Monde (*Le Divan, de mars* 1923).

H. CHARPENTIER :

Marcel Proust (*Les Marges, du* 15 *avril* 1923).

LUCIEN DUBECH :

Lit-on Marcel Proust? (*La Revue critique des idées et des livres, du* 25 *avril* 1923).

ERNEST SULLIERE :

Robert de Montesquiou (*L'Opinion du* 23 *mai* 1923).

HENRI RAMBAUD :

La défense de Marcel Proust (*La Revue critique des Idées et des Livres,* 25 *juin* 1923).

ANDRÉ SPIRE :

Marcel Proust et les Juifs (*Les Nouvelles littéraires du* 28 *juillet* 1923).

BENJAMIN CRÉMIEUX :

Le bilan d'une enquête (*La Nouvelle Revue Française, du 1er septembre* 1923).

Docteur PIERRE MAURIAC :

Marcel Proust et la médecine (*La Revue hebdomadaire, du 3 novembre* 1923).

ALBERT THIBAUDET :

La Prisonnière (*L'Europe nouvelle, du 9 février* 1924).

EDMOND JALOUX :

La Prisonnière (*Les Nouvelles littéraires du 9 février* 1924).

PAUL SOUDAY :

La Prisonnière (*Le Temps, du 21 février* 1924).

PHÉDON :

Proust et Leibniz (*La Publication de Béziers, du 23 février* 1924).

CHARLES DU BOS :

Un hommage anglais (*La Nouvelle Revue Française, du 1er mars* 1924).

PIERRE KEMP :

La Prisonnière (*La Revue Universelle, du 1er mars* 1924).

HENRI DE REGNIER :

La Prisonnière (*Le Figaro, du 1er avril* 1924).

FRANÇOIS MAURIAC :

La Prisonnière (*La Nouvelle Revue Française du 1er avril* 1924).

ORION :

A propos de la Prisonnière (*L'Action française du 3 avril 1924*).

L. DE PESLUAN :

Marcel Proust et la littérature colloidale (*Les Lettres, du 1er mai 1924*).

N. GUTERMAN ET HENRI JOURDAN :

La Prisonnière, Sodome et Gomorrhe (*Philosophies du 15 mai 1924*).

EMMANUEL BERL :

Marcel Proust en jugement (*Les Nouvelles littéraires, du 7 juin 1924*)

BERNARD FAY :

Marcel Proust (*Les Nouvelles littéraires, du 14 juin 1924*).

E. DE CLERMONT TONNERRE :

Robert de Montesquiou et Marcel Proust (*La Revue de Paris, du 1er juillet 1924*).

BERGOTTE :

Marcel Proust (*Le Mercure de France, du 15 juillet 1924*).

EUGÈNE MONTFORT :

L'influence de Marcel Proust (*Les Marges d'Août, 1924*).

BENJAMIN CRÉMIEUX :

La Psychologie de Proust (*La Revue de Paris, du 15 octobre 1924*).

FERNAND GREGH :

Marcel Proust (*Candide, du 30 octobre 1924*).

LOUIS DE ROBERT :

Marcel Proust et l'amitié (*Le journal littéraire, du 1ᵉʳ novembre 1924.*

HENRI DUVERNOIS :

Le souvenir de Marcel Proust (22 *novembre* 1924, *Les Nouvelles littéraires*).

A. BERGE :

Autour d'une trouvaille (*Les Cahiers du mois de décembre* 1924).

PAUL REBOUX :

A la manière de Proust (*Les Nouvelles littéraires, du 7 décembre* 1924).

LOUIS DE ROBERT :

Comment débuta Marcel Proust (*La Revue de France, du* 1ᵉʳ *janvier et du 15 janvier* 1915).

HENRI JOURDAN :

Études sur les plaisirs et les jours (*Philosophies de mars* 1925).

HENRI DOMMARTIN :

Benjamin Crémieux et la littérature moderne (*Le Disque Vert, nᵒ* 2).

EDMOND JALOUX :

Jacques Rivière et Marcel Proust (*La Nouvelle Revue française, du* 1ᵉʳ *avril* 1925).

GEORGES GABORY :

Après la mort de Proust (*Europe, du 15 avril* 1925).

LÉON PIERRE QUINT :

Marcel Proust (*La Revue Européenne, du 1ᵉʳ mai 1925*).

BENJAMIN CRÉMIEUX :

Réflexions sur Marcel Proust (*Les Nouvelles littéraires, septembre 1926*).

E) *Articles parus à l'étranger sur l'œuvre de Proust*

CHARLY CLERC :

Marcel Proust (*La Semaine Littéraire de Genève, du 8 novembre 1919*).

ALBERT THIBAUDET :

Un nouveau Jean-Christophe (*Le Forum (Stockholm) du 3 juin 1920*).
Marcel Proust (*The London Mercury de Mai 1920*).

ELLEN FITZGERALD :

Marcel Proust (*The Nation du 7 décembre 1921*).

C. R. CURTIUS :

Marcel Proust (*Der Neue Merkur (Allemagne) de février 1922*).

JOHN MIDDLETON MURRY :

Une nouvelle sensibilité (*Quaterly Review de juillet 1922*).

ELISABETH BIBESCO :

Marcel Proust (*The New Statesman, du 25 novembre 1922*).

EDMOND JALOUX :

Sodome et Gomorrhe (*Le Soir de Bruxelles du 7 septembre 1922*).

JUNIA ZETTY :

MARCEL PROUST (*L'Horizon de Belgique, du* 25 *novembre* 1922).

LOUIS-MARTIN CHAUFFIER :

LETTRE DE PARIS (*La Terre Wallonne de décembre* 1922).

X... :

MARCEL PROUST (*Créer (Liége) de novembre-décembre* 1922).
PROUST (*Saturday Review du* 9 *décembre* 1922).

MANANNE GAGNETIN :

APRÈS UNE LECTURE DE MARCEL PROUST (*Bibliothèque Universelle et Revue Suisse de mai* 1923).

J.-M. MILWARD :

INCONSÉQUENCE OF PROUST (*The Chigago Tribune, du* 27 *avril* 1924).

GEORGES THIOLET :

A PROPOS DE LA PRISONNIÈRE (*Sélection de mars* 1924).

RENÉ BECHEN :

LES PLAISIRS ET LES JOURS (*Sélection d'octobre* 1924).

HOMMAGE ANGLAIS :

PAR TOUTES LES PERSONNALITÉS LITTÉRAIRES DE L'ANGLETERRE
CONTEMPORAINE.

G. DE C

TABLE DES MATIÈRES

ILLUSTRATIONS

de ANDRÉ SZEKELY DE DOBA
et de L. CAILLAUD

ACHEVÉ D'IMPRIMER SUR
LES PRESSES DE L'IMPRIMERIE
SPÉCIALE DU CAPITOLE
:: LE 30 DÉCEMBRE 1926 ::